हिन्दी काव्य-धारा

हिन्दी काव्य-धारा

सम्पादक

कुमार कृष्ण

प्रोफ़ेसर हिन्दी विभाग

हिमाचल प्रदेश विश्वविद्यालय, शिमला

वाणी प्रकाशन

वाणी प्रकाशन का 'लोगो'
विख्यात चित्रकार मक़बूल फ़िदा हुसेन की
कूची से

ISBN : 978-93-5000-010-6

वाणी प्रकाशन
21-ए, दरियागंज, नयी दिल्ली-110002
द्वारा प्रकाशित

फोन : 0091#11#23273167, 23275710
फैक्स : 0091#11#23275710
ई-मेल : vaniprakashan@gmail.com
vani_prakashan@yahoo.com
वेबसाइट : www.vaniprakashan.com

प्रथम संस्करण : 2009

मूल्य : 45.00
आवरण : वाणी प्रकाशन
आर. टेक ऑफसेट प्रिंटर्स, दिलशाद गार्डन
दिल्ली-110095, द्वारा मुद्रित

HINDI KAVYA-DHAARA
Edited by : Dr. Kumar Krishan

विषय-सूची

भूमिका

इस पुस्तक का नाम 'हिन्दी-काव्य-धारा' इसलिए रखा गया है ताकि कविता के पाठक कबीर से ले कर अरुण कमल तक प्रवाहित होने वाली काव्य-धारा से परिचय प्राप्त कर सकें। विद्यार्थी हिन्दी-कविता के विकास के साथ-साथ निर्धारित कविताओं का अध्ययन करने के उपरान्त कविता में समय-समय पर आने वाले कथ्य एवं शिल्प के बदलाव को भी समझ सकेंगे। इस पुस्तक के प्रथम कवि कबीर तथा अन्तिम कवि अरुण कमल हैं। कबीर की कविता से पुस्तक प्रारम्भ करना तथा अरुण कमल की कविताओं के साथ पुस्तक को समाप्त करने की ख़ास वजह है। इस वजह को समझाने के लिए मैं यहाँ एक आलोचक के शब्दों को उद्धृत करना आवश्यक समझता हूँ। जगदीश नारायण श्रीवास्तव, ठाकुर प्रसाद सिंह के शब्दों को उद्धृत करते हुए कहते हैं कि हर महान कवि अपने काव्य में कुछ गोखे छोड़ देता है ताकि आने वाली पीढ़ियाँ उन गोखों से अपने समय और संस्कृति के अनुरूप अपनी समकालीन कला की नयी इमारतें खड़ी कर ले। मेरे विचार से तुलसी, कबीर और निराला में ये गोरवे कुछ अधिक ही हैं जिनसे न जाने कितनी पीढ़ियाँ अपनी कला की नयी इमारतें खड़ी करेंगी। ठाकुर प्रसाद सिंह का तर्क सही है कि चौपाइयाँ तो जायसी ने भी लिखी हैं, पद सूर ने, दोहे बिहारी ने और सवैये मतिराम तथा देव ने, पर शायद सब को जोड़ कर देखें तो भी ये तुलसी के दृष्टि-बोध और समय-साक्षात्कार के स्तर तक नहीं पहुँचते। न ही ये समकालीन सन्दर्भों से अपने को जोड़ ही पाते हैं।...समकालीन कविता की जड़ें तुलसी की कविताओं तक इसलिए भी जाती हैं क्योंकि तुलसी सामाजिक न्याय के कवि हैं। निर्दोष प्रजा के प्रति अन्याय के विरोध में व्यंग्य की ऐसी चोट केवल तुलसी ही दे सकते हैं कि दीपक का घी तो चाट जाती है दीप मालिका, किन्तु घर की गृहस्थिन अपनी मार से छलनी कर देती है बेचारे निर्दोष सूप की पीठ। लेकिन प्रश्न उठता है कि तुलसी हमारे लिए आज के सर्वाधिक तेज़ अस्त्र क्यों नहीं बन पाते? क्यों हमें उनसे पीछे कबीर की ओर लौटना पड़ता है? शायद इसलिए कि वे संशोधनवादी हैं, कबीर की तरह क्रान्तिकारी नहीं। वे समाज-व्यवस्था और शासन-व्यवस्था में आमूल-चूल परिवर्तन नहीं चाहते। आज का कवि अब तटस्थता, संशोधन तथा समन्वयवाद के जादू से पूरी तरह परिचित हो चुका है, तुलसी के अन्तर्विरोधों से

वह अपरिचित कैसे रह सकता है? वह जानता है कि तुलसी सामन्तवाद के कवच हैं। अतः आज की लड़ाई के लिए वह तुलसी की अपेक्षा कबीर की ओर मुड़ता है और उनके नैतिक साहस, निस्संगता, खुले प्रतिवाद तथा भ्रष्टाचार के प्रति तमाचे से अपनी कविता का सरोकार बना लेता है। झूठे मूल्यों का पहरा तोड़ने का जो कठोर साहस कबीर में है, उसकी जितनी आवश्यकता मूल्यहीनता से घिरे हुए आज के समाज में है, पहले कभी नहीं थी। प्राचीन कवियों में कबीर ही ऐसे कवि हैं जिन्होंने समाज-व्यवस्था की इमारत की रूढ़ियों, संस्कारों और अन्ध-विश्वासों की दुनिया में जिज्ञासा और तर्क के झरोखे खोल कर मानवीय विचार को गति दे कर आत्म-निर्भरता से विकसित होने का उत्साह दिया। अली सरदार जाफ़री ने सही कहा है कि आज जब वर्ग-संघर्ष की तलवारें खिंची हुई हैं, बादशाहों और शासकों का स्थान नौकरशाही ले चुकी है, दिलों के अन्दर अँधेरे हैं, छोटे-छोटे स्वार्थ-दम्भ हैं जो मनुष्य को दानव का शत्रु न बना कर ख़ुद मनुष्य का शत्रु बना रहे हैं। इसके विरोध में कबीर की आवाज़ खड़ी होती है और हमारी नयी संवेदना में शामिल हो कर सुनाई पड़ती है। कबीर की यही आवाज़ इस पुस्तक में शामिल 'निराला', गजानन माधव मुक्तिबोध, रघुवीर सहाय, सर्वेश्वरदयाल सक्सेना, सुदामा पाण्डे धूमिल, लीलाधर जगूड़ी, कुमार विकल, उदय प्रकाश तथा अरुण कमल की कविता में भी सुनाई देगी।

'हिन्दी-काव्य-धारा' को चार खण्डों में विभाजित किया गया है—मध्यकालीन हिन्दी-काव्य, आधुनिक हिन्दी काव्य, छायावादोत्तर हिन्दी कविता तथा समकालीन हिन्दी-कविता। मध्यकालीन हिन्दी काव्य के अन्तर्गत कबीर, सूरदास, तुलसीदास, बिहारी तथा घनानन्द के काव्यांशों को संकलित किया गया है। कबीर, सूर और तुलसी का सम्बन्ध जहाँ भक्ति-काव्य से है वहाँ बिहारी और घनानन्द का सम्बन्ध रीति-काव्य से हैं। कबीर का सम्बन्ध निर्गुण काव्य-धारा से है और सूर तथा तुलसी का सम्बन्ध सगुण काव्य-धारा से है। बिहारी रीति बद्ध तथा घनानन्द रीतिमुक्त कवि हैं। वैसे डॉ. बच्चन सिंह जैसे आलोचक घनानन्द को रीति-मुक्त कवि कहना उचित नहीं समझते। उनका कहना है कि रीति-मुक्त हो कर कोई रीतिकालीन कैसे होगा? वह घनानन्द को मुक्तरीति कवि कहना बेहतर समझते हैं। इसी के साथ वह मध्यकाल कहना भी उचित नहीं समझते अपने 'हिन्दी साहित्य का दूसरा इतिहास' में वह लिखते हैं कि भक्तिकाल भक्तिकाल है, मध्यकाल नहीं। मध्यकाल सामान्यतः जकड़ी हुई मनोवृत्ति का परिचायक है।

बहरहाल, जिसे हम आधुनिक काल कहते हैं उसका प्रारम्भ हम भारतेन्दु हरिश्चन्द्र से मानते हैं। उन्होंने कहा था—'निज भाषा उन्नति अहै सब उन्नति को मूल।' 'सब उन्नति' से उनका अभिप्राय सामाजिक, आर्थिक, राजनीतिक तथा सांस्कृतिक

उन्नति से था। बंगाल में यह काम ईश्वरचन्द्र विद्यासागर, माइकेल मधुसूदन दत्त ने मराठी में चिपलूणकर ने, तथा हिन्दी में भारतेन्दु हरिश्चन्द्र ने किया। उसके बाद सन् 1893 तथा सन् 1900 में दो महत्त्वपूर्ण घटनाएँ हुईं। सन् 1893 में भाषा और साहित्य के विकास के लिए नागरी प्रचारिणी सभा सथा सन् 1900 में 'सरस्वती' पत्रिका की शुरुआत हुई। इसे एक सुखद संयोग ही कहा जायेगा कि 'सरस्वती' जैसी पत्रिका के प्रकाशन का निश्चय एक बंगाली सज्जन चिन्तामणि घोष ने किया था जो इण्डियन प्रेस इलाहाबाद के स्वत्वाधिकारी थे। चिन्तामणि घोष के अनुरोध पर इसके सम्पादन का दायित्व श्यामसुन्दर दास, राधाकृष्ण दास, जगन्नाथ दास, कार्तिक प्रसाद तथा किशोरी लाल गोस्वामी ने एक वर्ष तक निभाया। सन् 1903 में महावीर प्रसाद द्विवेदी ने उसके सम्पादन का कार्य-भार सँभाला। प्रस्तुत पुस्तक में संकलित मैथिलीशरण गुप्त वास्तव में महावीर प्रसाद द्विवेदी की ही निर्मिति थे। उनकी पहली कविता 'हेमन्त' शीर्षक से सन 1905 में 'सरस्वती' पत्रिका में ही प्रकाशित हुई थी। सन् 1913 में प्रकाशित गुप्त जी के 'भारत-भारती' काव्य ने राष्ट्रीय-सांस्कृतिक चेतना जगाने में अकेले ही महत्त्वपूर्ण भूमिका निभायी थी। द्विवेदी जी की छात्र-छाया तले विभिन्न लेखकों का रचनात्मक विकास हुआ। महावीर प्रसाद द्विवेदी ने पूर्ववर्ती कविता अर्थात् रीतिकाव्य का विरोध करते हुए स्पष्ट शब्दों में घोषित किया था कि कविता का विषय मनोरंजक एवं उपदेशपरक होना चाहिए। यमुना के किनारे केलि कौतूहल का अद्भुत वर्णन बहुत हो चुका। न परकीयाओं पर प्रबन्ध लिखने की कोई आवश्यकता है और न स्वकीयाओं के 'गतागत' की पहेली बुझाने की। चींटी से ले कर हाथी पर्यन्त, पशु, भिक्षुक से ले कर राजा पर्यन्त, मनुष्य, बिन्दु से ले कर समुद्र पर्यन्त जल, अनन्त आकाश, अनन्त पृथ्वी, अनन्त पर्वत सभी पर कविता होनी चाहिए। लेकिन उस समय की महावीर प्रसाद द्विवेदी की तथा उनके समकालीन तमाम कवियों की कविताओं में इतिवृत्तात्मकता तथा कर्कशता देखने को मिलती है।

द्विवेदी युग की इसी इतिवृत्तात्मकता के विरोध में 'छायावाद' का जन्म हुआ। इस संकलन में इसी छायावादी कविता के चार कवियों—प्रसाद, पन्त, निराला तथा महादेवी वर्मा का चयन किया गया है। इन चारों कवियों को हम आधुनिक हिन्दी-कविता के इतिहास में छायावादी कवियों के रूप में जानते हैं। इस तथाकथित छायावाद से मोहभंग होना आवश्यक है। डॉ. बच्चन सिंह उपर्युक्त कवियों को छायावादी कवि न कह कर स्वच्छन्दतावादी कवि कहते हुए एक सुन्दर टिप्पणी करते हैं कि रीतिकाल का तो फिर भी एक अर्थ है; वह एक प्रणाली है और दृष्टिकोण है लेकिन छायावाद का स्वयं में कोई अर्थ नहीं है। आधुनिक साहित्य का इतिहास लिखते समय यह बाधक

सिद्ध होता है। कविताओं के लिए छायावादी काव्य कह दिया जाता है। पर उसी काल-खण्ड में लिखे गये गद्य को छायावादी गद्य नहीं कहा जाता।...इस समय के साहित्य को केवल एक ही नाम दिया जा सकता है—स्वच्छन्दतावाद। आचार्य रामचन्द्र शुक्ल, प्रसाद, निराला तथा महादेवी वर्मा के काव्य को मात्र प्रेमगान का काव्य कहना उचित समझते हैं क्योंकि उनको इस कविता में विभिन्न अर्थभूमियाँ नहीं दिखायी देती। यदि हम गहराई से देखें और निराला की कविताओं को नज़रन्दाज़ नहीं करें तो इस छायावादी अथवा स्वच्छन्दतावादी कविता में देश-प्रेम, मुक्त-प्रेम, मानवीय समता, पौराणिक-ऐतिहासिक मिथकों का प्रयोग भी देखने को मिलता है, लेकिन इसके साथ ही यह बात भी उतनी ही सच है कि यह कविता अपने समय से सच को नहीं प्रस्तुत कर पायी। यह वही समय है जब इस देश में साइमन कमीशन का बहिष्कार हुआ। भगत सिंह को फाँसी लगी। जलियाँवाला बाग़ जैसी घटनाएँ घटीं। आश्चर्य की बात है कि प्रसाद, पन्त, निराला और महादेवी वर्मा ने एक भी पंक्ति इसके सम्बन्ध में नहीं लिखी। शायद यही वजह है कि राष्ट्रीय-सांस्कृतिक कविता सामने आयी।

टोटैलिटी में देखें तो इस छायावादोत्तर हिन्दी-कविता में द्विवेदी युगीन राष्ट्रीयता, सांस्कृतिक पुनरुत्थान, आदर्शवाद और समाज-सुधार आदि प्रवृत्तियाँ जो छायावादी अथवा स्वच्छन्तावादी कविता के सामने आने से लुप्त अथवा तिरोहित हो गयी थी फिर से जीवित हो गयीं। गहराई से देखें तो यह कविता द्विवेदी युगीन राष्ट्रीय चेतना एवं प्रगतिशील चेतना की हुंकार भरती हुई सामने आयी और जिसका नेतृत्व माखन लाल चतुर्वेदी, सोहन लाल द्विवेदी, रामधारी सिंह 'दिनकर', बालकृष्ण शर्मा नवीन तथा शिवमंगल सिंह सुमन जैसे कवियों ने किया। इस धारा का प्रतिनिधित्व प्रस्तुत संकलन में रामधारी सिंह 'दिनकर' ने किया है। 'दिनकर' के अतिरिक्त छायावादोत्तर कविता के अन्तर्गत चार अन्य कवियों—अज्ञेय, मुक्तिबोध, रघुवीर सहाय तथा सर्वेश्वरदयाल सक्सेना को भी सम्मिलित किया गया है जो मुख्यतः 'नयी कविता' के कवि हैं। दरअसल सन् 1943 में 'अज्ञेय' ने 'तार सप्तक' नामक कविता-संग्रह का सम्पादन किया जिसमें सात कवियों—गजानन माधव मुक्तिबोध, नेमिचन्द्र जैन, भारतभूषण अग्रवाल, प्रभाकर माचवे, गिरिजाकुमार माथुर, रामविलास शर्मा और 'अज्ञेय' की कविताएँ संकलित थीं। इस पुस्तक को हिन्दी-काव्य-धारा में एक विशेष घटना के रूप में देखा गया। यहीं से आलोचकों ने 'प्रयोगवाद' की शुरुआत मानी। जबकि अज्ञेय इसकी भूमिका में लिखते हैं कि वे किसी एक स्कूल के नहीं हैं, किसी मंज़िल पर पहुँचे हुए नहीं हैं, अभी राही हैं, राही नहीं राहों के अन्वेषी। उनमें मतैक्य नहीं है, सभी महत्त्वपूर्ण विषयों पर उनकी राय अलग-अलग है। जीवन के विषय में,

समाज, धर्म और राजनीति के विषय में, काव्य-वस्तु और शैली के, छन्द और तुक के, कवि के दायित्वों के प्रत्येक विषय में आपस में मतभेद है। काव्य के प्रति एक अन्वेषी का दृष्टिकोण उन्हें समानता के सूत्र में बाँधता है। यही नहीं, 'अज्ञेय' ने सन् 1951 में जब 'दूसरा सप्तक' प्रकाशित किया तो उसमें स्पष्ट शब्दों में घोषित किया कि प्रयोग का कोई वाद नहीं है। हम वादी नहीं रहे, न ही हैं। प्रयोग अपने आप में इष्ट या साध्य नहीं है। ठीक इसी तरह कविता का भी कोई वाद नहीं है, कविता भी अपने आप में इष्ट या साध्य नहीं है। अतः हमें प्रयोगवादी कहना उतना ही सार्थक या निरर्थक है जितना हमें कवितावादी कहना। 'दूसरा सप्तक' सामने आने के बाद कविता के लिए 'नयी कविता' का प्रयोग किया जाने लगा। इस 'दूसरा सप्तक' में भवानी प्रसाद मिश्र, शकुन्त माथुर, हरिनारायण व्यास, शमशेर बहादुर सिंह, नरेश मेहता, रघुवीर सहाय तथा धर्मवीर भारती की कविताएँ संकलित थीं। 'अज्ञेय' ने सन् 1959 में 'तीसरा सप्तक' प्रकाशित किया। इसमें भी कुँवर नारायण, केदारनाथ सिंह, विजयदेव नारायण साही, सर्वेश्वरदयाल सक्सेना, कीर्ति चौधरी, मदन वात्स्यायन तथा प्रयागनारायण त्रिपाठी जैसे सात कवियों की कविताएँ प्रकाशित की गयीं। कविता से सम्बद्ध विभिन्न आलोचनात्मक पुस्तकों के बीच से गुज़र कर ज्ञात होता है कि सन् 1943 से सन् 1959 तक सामने आने वाली कविता के लिए, चाहे वह विभिन्न सप्तकों के माध्यम से सामने आयी हो अथवा 'नयी कविता', 'नये पत्ते', 'क ख ग', 'निकष', 'प्रतिमान', 'कल्पना' आदि पत्रिकाओं के द्वारा विकसित हुई हो, 'नयी कविता' शब्द का प्रयोग किया जाता है। 'तीसरा सप्तक' के साथ ही नयी कविता का यह काव्यान्दोलन भी एक तरह से समाप्त हो जाता है। इससे आगे की कविता के लिए आलोचक साठोत्तरी कविता अथवा समकालीन कविता शब्द का प्रयोग करते हैं और जिसका सार्थक प्रारम्भ सुदामा पाण्डे धूमिल की कविताओं से होता है। प्रस्तुत पुस्तक में भी पाँच समकालीन कवियों—धूमिल, जगूड़ी, कुमार विकल, उदय प्रकाश तथा अरुण कमल की कविताओं को पाठ्यक्रम में शामिल किया गया है।

समकालीन कविता बदलते हुए मूड की कविता है जिसका पूरा स्ट्रक्चर कथ्य के अनुकूल है। उसकी भाषा बोलचाल की भाषा है जिस पर आभिजात्य का मुलम्मा नहीं चढ़ा है। इस काव्य-धारा का नेतृत्व करने वाले कवि धूमिल ने स्पष्ट शब्दों में कहा था—'छायावाद के कवि शब्दों को तोल कर रखते थे। प्रयोगवाद के कवि शब्दों को टटोल कर रखते थे। नयी कविता के कवि शब्दों को गोल कर रखते थे। सन साठ के बाद के कवि शब्दों को खोल कर रखते हैं।' धूमिल कविता को गुर्राने वाली, चेतावनी देने वाली जागती आवाज़ मानता था। ऐसी आवाज़ जो कबीर की कविता की तरह बार-बार दस्तक दे। वह कविता के द्वारा दूसरे प्रजातन्त्र की तलाश के लिए

प्रयत्नशील था, किन्तु मात्र उन्तालीस वर्ष की उम्र में उसका निधन हो गया। मृत्यु से पूर्व लिखी उसकी अन्तिम कविता न केवल अपने समय के सच को प्रस्तुत करती है अपितु उसकी पंक्तियाँ हमें बार-बार झकझोरती हैं, उद्वेलित करती हैं तथा हमारे सामने बेशुमार प्रश्न खड़े करती हैं। धूमिल ने लिखा था–'लोहे का स्वाद। लोहार से मत पूछो। उस घोड़े से पूछो। जिसके मुँह में लगाम है।'

प्रस्तुत पुस्तक की भूमिका को मैं अपने मित्र एवं पाठ्यक्रम में संकलित अन्तिम कवि की पंक्तियों को उद्धृत करके विराम देना चाहूँगा। अरुण कमल का कहना है कि हिन्दी की कविता, यानी श्रेष्ठ कविता, आज पहले की तुलना में अधिक विविध है। अधिक समृद्ध है, ऐसा कहना तो मुश्किल है। जीवन के जितने सारे क्षेत्र, अनुभव और भंगिमाएँ अभी आ रही हैं, उतना पहले नहीं थीं। जहाँ कुछ भी नहीं था वहाँ भी आज का कवि कविता ढूँढ लेता है। पीछे की सारी कविता हमारा टेक है। एक कवि में अनेक पूर्वज कवियों के गुणसूत्र मिले होते हैं। पर वह सजग हो कर एक नयी संगति बिठाता है पूर्वज कवियों के बीच जो कि उसकी परम्परा होती है। हर थोड़े समय पर नयी संगति बिठानी पड़ती है। उदाहरण के लिए जिसे आठवें दशक की कविता कहा जाता है उसने धूमिल-राजकमल को छोड़ कर नागार्जुन-त्रिलोचन से अपने को जोड़ा और निराला से, बीच-बीच में शमशेर-मुक्तिबोध को भी याद किया, पर अज्ञेय या दिनकर से प्रकटतः नहीं, पन्त-प्रसाद से भी नहीं। लेकिन धीरे-धीरे इन कवियों में भी परिवर्तन आ रहा है। हर कवि अपने प्रिय कवि का हाथ एक-न-एक दिन छोड़ कर चलता है और फिर नये रहबर मिलते हैं। आज मुझे लगता है कि टुकड़े-टुकड़े जोड़ कर धूमिल ने जो कथरी जैसी कविता बनायी, बिल्कुल सीधे वक्तव्यों को ले कर जो कविता बनायी, चोट करने वाली हथौड़े जैसी कविता, उससे बहुत कुछ सीखना है।

कुमार कृष्ण

'सत्यप्रिया'
कैथलीघाट, सोलन-173215
(हिमाचल प्रदेश)

कबीरदास

कबीर का जन्म सन् 1398 ई. और निधन सन् 1518 ई. को हुआ था। यद्यपि ये दोनों ही तिथियाँ सन्देहास्पद एवं विवादास्पद हैं। कबीर का जन्म, परिवार, पालन पोषण, गुरु तथा निधन आदि के सम्बन्ध में विद्वानों में कोई मतैक्य नहीं है। कहा जाता है कि कबीर विधवा ब्राह्मणी के गर्भ से उत्पन्न हुए। उसने लोकलाज वश उसे काशी के लहरतारा सरोवर के किनारे पर फेंक दिया। वहीं से नीरू और नीमा नामक निःसन्तान मुस्लिम जुलाहा दम्पत्ति उनको उठा कर अपने घर ले आये। इसी दम्पत्ति ने कबीर का पालन-पोषण किया। इससे इतना तो निश्चित है कि कबीर को हिन्दू तथा मुस्लिम संस्कार बचपन से ही विरासत में मिले थे। आगे चल कर हिन्दू और मुस्लिम जीवन-पद्धतियों को कबीर ने अत्यन्त गहराई से देखा-परखा और दोनों की विसंगतियों, उनके पाखण्डों को अपनी कविता में एक्स्पोज़ किया। कबीर हिन्दी के पहले रहस्यवादी कवि हैं। कुछ विद्वानों ने तो बंगला के महान कवि रवीन्द्रनाथ ठाकुर पर भी कबीर और दादू के ऋण को स्वीकार किया है। सिख सम्प्रदाय के प्रवर्त्तक गुरु नानक देव जी भी कबीर से प्रभावित थे इसीलिए 'गुरुग्रन्थ साहब' में उन्होंने कबीर की वाणियों को संकलित किया है। विभिन्न विद्वानों जैसे डॉ. श्यामसुन्दर दास, डॉ. माताप्रसाद गुप्त, डॉ. पारसनाथ तिवारी आदि ने कबीर ग्रन्थावलियों का सम्पादन किया है। इनमें काशी नागरी प्रचारिणी सभा द्वारा प्रकाशित डॉ. श्यामसुन्दर दास द्वारा सम्पादित कबीर गंन्थावली को ही सर्वाधिक प्रामाणिक माना जाता है। प्रस्तुत पुस्तक में संकलित सामग्री का चयन उसी से किया गया है।

संक्षेप में कहें तो कबीर उस कवि का नाम है जो व्यवस्था से सीधे जिरह करता है, भविष्य की सम्भावनाओं को देखते हुए अपने समय के सच को लिखता है, शास्त्रीय ज्ञान के विरोध में अनुभव-मूलक ज्ञान को सहारा बनाता है। वह जिस साँच को कहने और गहने की घोषणा करता है वह मानुष सत्य है। एक ऐसा कवि जिसके रुदन, दुःख, पीड़ा और संवेदना का सम्बन्ध जागरण से है, सुषुप्ति से नहीं। वह मनुष्य की आत्मा का कवि है—अस्तित्व के कुछ बुनियादी प्रश्नों का कवि।

कबीरदास

कबीर बादल प्रेम का, हम परि बरष्या आइ।
अंतरि भीगी आत्माँ हरी भई बनराइ।।1।।

तत तिलक तिहूँ लोक मैं, राम नाँव निज सार।
जन कबीर मस्तक दिया सोभा अधिक अपार।।2।।

भगति भजन हरि नाँव है, दूजा दुक्ख अपार।
मनसा वाचा क्रमनाँ, कबीर सुमिरण सार।।3।।

बहुत दिनन की जोवती, बाट तुम्हारी राम।
जिव तरसै तुझ मिलन कूँ मनि नाहीं विश्राम।।4।।

आइ न सकौं तुझ पैं सकूं न तूझ बुझाइ।
जियरा यौंही लेहुगे, बिरह तपाइ तपाइ।।5।।

पिंजर प्रेम प्रकासिया, जाग्या जोग अनंत।
संसा खूटा सुख भया मिलया प्यारा कंत।।6।।

आया था संसार में, देषण कौं बहु रूप।
कहै कबीरा संत हौ, पड़ि गया नजरि अनूप।।7।।

कबीर सूता क्या करै, गुण गोबिंद के गाइ।
तेरे सिर परि जम खड़ा, खरच कदे का खाइ।।8।।

कबीर सूता क्या करै, सूता होइ अकाज।
ब्रह्मा का आसन खिस्या, सुणत काल की गाज।।9।।

कागद केरी नाँव री, पाँणी केरी गंग।
कहै कबीर कैसे तिरूं, पंच कुसंगी संग।।10।।

काजल केरी कोठरी, मसि के कर्म कपाट।
पांहनि बोई पृथमी, पंडित पाड़ी बाट।।11।।

सेवैं सालिगराम कूं, माया सेती हेत.
वोढ़ें काला कापड़ा, नाँव धरावैं सेत।।12।।

कबीर आप ठगाइये, और न ठगिये कोइ।
आप ठग्यां सुख ऊपजैं, और ठग्याँ दुख होइ।।13।।

कबीर यहु घर प्रेम का, खाला का घर नाँहि।
सीस उतारै हाथि करि, सो पैसे घर माँहि।।14।।

कबीर निज घर प्रेम का, मारग अगम अगाध।
सीस उतारि पग तलि धरै, तग निकटि प्रेम का स्वाद।।15।।

प्रेम न खेतौं नीपजें, प्रेम न हारि बिकाइ।
राजा परजा जिस रुचै, सिर दे सो ले जाइ।।16।।

कबीर घोड़ा प्रेम का, चेतनि चढ़ि असवार।
ग्याँन षड़ग गहि काल सिरि, भली मचाइ मार।।17।।

कबीर हरि सबकूँ भजै, हरि कूँ भजै न कोइ।
जब लग आस सरीर की, तब लग दास न होई।।18।।

मेरे मन मैं पड़ि गई, ऐसी एक दरार।
फटा फटक पषाँण ज्यूँ, मिल्या न दूजी बार।।19।।

ऐसी बाणी बोलिये, मन का आपा खोइ।
अपना तन सीतल करै, औरन कौं सुख होइ।।20।।

सूरदास

सूरदास का जन्म सन् 1478 ई. और निधन सन् 1589 ई. को हुआ था। कबीर के समान सूरदास के जन्म, जन्म स्थान, जाति, परिवार, अन्धत्व तथा निधन आदि के सम्बन्ध में भी विद्वानों में पर्याप्त मतभेद रहा है। सूरदास का अन्धत्व सर्वाधिक विवादास्पद रहा है। कुछ विद्वान उनको जन्म से अन्धा मानते हैं और कुछ का मानना है कि सूरदास बाद में अन्धे हुए होंगे। हज़ारी प्रसाद द्विवेदी का तो स्पष्ट मत था कि सूरदास जन्मान्ध नहीं थे। इसके सम्बन्ध में उनका कहना था कि प्रकृति के विविध रूप रंगों, युवक-युवतियों की विभिन्न सूक्ष्मतम मुद्राओं तथा चेष्टाओं का वर्णन जिस प्रकार सूरदास ने किया है, वह जन्मान्ध व्यक्ति के बस की बात नहीं।

सूरदास की प्रसिद्ध रचना 'सूरसागर' है। वैसे 'सूरसारावली' तथा 'साहित्य लहरी' के अतिरिक्त इक्कीस अन्य ग्रन्थों की भी चर्चा की गयी है किन्तु आचार्य विश्वनाथ प्रसाद मिश्र तो 'सूरसारावली' और 'साहित्य लहरी' को भी संदिग्ध मानने के पक्ष में हैं। इतना तो निश्चित है कि सूरदास की कीर्ति का आधार 'सूरसागर' ही है। कहा जाता है कि 'सूरसागर' में सवा लाख पद थे लेकिन 'सूरसागर' की आज जो प्रतियाँ मिलती हैं उसमें कुल पाँच हज़ार पद ही मिलते हैं।

संक्षेप में कहें तो सूरदास मूलतः प्रेम के, रूप के, लीला के कवि हैं। वात्सल्य और सख्य भाव के प्रेम की तरह माधुर्य प्रेम का भी जो व्यापक रूप इनके काव्य में देखने को मिलता है, वह अन्यत्र दुर्लभ है। आचार्य रामचन्द्र शुक्ल का यह कहना उचित प्रतीत होता है कि वात्सल्य और शृंगार के क्षेत्रों का जितना अधिक उद्घाटन सूर ने अपनी बन्द (अन्धी) आँखों से किया, उतना किसी और कवि ने नहीं। इस क्षेत्र का वे कोना-कोना झाँक आये। हज़ारी प्रसाद द्विवेदी ने तो यहाँ तक कह दिया है कि सूरदास जब अपने प्रिय विषय का वर्णन शुरू करते हैं तो मानों अलंकार शास्त्र हाथ जोड़ कर उनके पीछे-पीछे दौड़ा करता है, उपमाओं की बाढ़ जाती है, रूपकों की वर्षा होने लगती है। अन्य भक्त कवियों की तरह सूर-काव्य की सबसे बड़ी शक्ति उसकी संगीतात्मकता में है।

भ्रमरगीतसार

श्रीकृष्ण का वचन उद्धव प्रति

राग सारंग

पहिले करि परनाम नंद सौं समाचार सब दीजो।
और वहाँ बृषभानु गोप सों जाय सकल सुधि लीजो।।
श्रीदामा आदिक सब ग्वालन मेरे हुतो भेंटियो।
सुख संदेस सुनाय हमारो गोपिन को दुख मेटियो।।
मंत्री इक बन बसत हमारो ताहि मिले सचु पाइयो।
सावधान ह्वै मेरे हूतो ताही माथ नवाइयो।।
सुंदर परम किसोर वयक्रम चंचल नयन बिसाल।
कर मुरली सिर मोर पंख पीतांबर उर बनमाल।।
जनि डरियो तुम सघन बनन में ब्रजदेवी रखवार।
बृंदावन सो बसत निरंतर कबहुँ न होत नियार।।
उद्धव प्रति सब कही स्यामजू अपने मन की प्रीति।
सूरदास किरपा करि पठए यहै सकल ब्रजरीति।।1।।

राग सोरठ

कहियो नंद कठोर भए।

हम दोउ बीरैं डारि परघरै मानो थाती सौंपि गए।।
तनक तनक तैं पालि बड़े किए बहुतै सुख दिखराए।
गोचारन को चलत हमारे पीछे कोसक धाए।।
ये बसुदेव देवकी हमसों कहत आपने जाए।
बहुरि विधाता जसुमति जू के हमहि न गोद खिलाए।।

कौन काज यह राज, नगर को सब सुख सों सुख पाए?
सूरदास ब्रज समाधान करु आजु काल्हि हम आए।।2।।

राग विलावल

तबहि उपँगसुत आय गए।
सखा सखा कछु अंतर नाहीं भरि भरि अंक लए।।
अति सुंदर तन स्याम सरीखो देखत हरि पछिताने।
ऐसे को वैसी बुधि होती ब्रज पठवै तब आने।।
या आगे रसकाव्य प्रकासे जोग बचन प्रगटावै।
सूर ज्ञान दृढ़ याके हिरदय जुवतिन जोग सिखावै।।3।।
हरि गोकुल की प्रीति चलाई।
सुनहु उपँगसुत मोहिं न बिसरत ब्रजवासी सुखदाई।।
यह चित होत जाउँ मैं अबहीं, यहाँ नहीं मन लागत।
गोप सुग्वाल गाय बन चारत अति दुख पायो त्यागत।।
कहँ माखनचोरी? कह जसुमति 'पुत जेंव' करि प्रेम।
सूर स्याम के बचन सहित सुनि ब्यापत आपन नेम।।4।।

राग रामकली

जदुपति लख्यो तेहि मुसकात।
कहत हम मन रही जोई सोइ भई यह बात।।
बचन परगट करन लागे प्रेमकथा चलाय।
सुनहु उद्धव मोहिं ब्रज की सुध नहीं बिसराय।।
रैनि सोवत, चलत, जागत लगत नहिं मन आन।
नंद जसुमति नारि नर ब्रज जहाँ मेरो प्रान।।
कहत हरि, सुनि उपँगसुत! यह कहत हौं रसरीति।
सूर चित तें टरति नाहीं राधिका की प्रीति।।5।।

राग सारंग

सखा! सुनो मेरी इक बात।
वह लतागन संग गोपिन सुधि करत पछितात।।
कहाँ वह वृषमानुतनया परम सुंदर गात।

सुरति आए रासरस की अधिक जिय अकुलात।।
सदा हित यह रहत नाहीं सकल मिथ्याजात।
सूर प्रभु यह सुनौ मोसों एक ही सों नात।।6।।

राग टोड़ी

उद्धव! यह मन निश्चय जानो।
मन क्रम बच मैं तुम्हें पठावत ब्रज को तुरत पलानो।।
पुरन ब्रह्म, सकल, अविनासी ताके तुम हो ज्ञाता।
रेख, न रूप, जाति, कुल नाहीं जाके नहिं पितु माता।।
यह मत दै गोपिन कहु आवहु बिरह नदी में भासित।
सूर तुरत यह जाय कहौं तुम ब्रह्म बिना नहिं आसति।।7।।

राग नट

उद्धव! बेगि ही ब्रज जाहु।
सुरति सँदेस सुनाय मेटो बल्लभिन को दाहु।।
काम पावक तूलमय तन बिरहस्वास समीर।
सुरति सँदेस सुनाय मेटो बल्लभिन को दाह।।
कमा पावक तूलमय तन बिरह स्वास समीर।
भसम नाहिन होन पावत लोचनन के नीर।।
इते पर बिनु समाधाने क्यों धरै तिय धीर।।
कहौं कहा बनाय तुमसों सखा साधु प्रबीन?
सूर सुमति बिचारिए क्यों जियैं जल बिनु मीन।।8।।

राग सारंग

पथिक! सँदेसो कहियो जाय।
आवैंगे हम दोनों भैया, मैया जनि अकुलाय।।
याको बिलगु बहुत हम मान्यों जो कहि पठयो धाय।
कहँ लौं कीर्ति मानिए तुम्हरी बड़ो कियो पय प्याय।
कहियो जाय नंद बाबा सों, अरु गहि पकरयो पाय।।
दोऊ दुखी होन नहिं पावहिं धूमरि धौरी गाय।

यद्यपि मथुरा विभव बहुत है तुम बिनु कछु न सुहाय।।
सूरदास ब्रजवासी लोगनि भेंटत हृदय जुड़ाय।।9।।

नीके रहियो जसुमति मैया।
आवैंगे दिन चारि पाँच में हम हलधर दोउ भैया।
जा दिन तें हम तुमतें बिछुरे काहु का कह्यो 'कन्हैया'।।
कबहूँ प्रात न कियो कलेवा, साँझ न पीन्हीं धैया।
बंसी बेन सँभारि राखियो और अबेर सबेरो।
मति लै जाय चुराय राधिका कछुक खिलौने मेरो।
कहियो जाय नंद बाबा सो निपट निठुर जिय कीन्हो।
सूर स्याम पहुँचाय मधुपुरी बहुरि सँदेस न लीन्हो।।10।।

तुलसीदास

तुलसीदास उन कवियों में से हैं जिन्हें भक्तकवि कमलदास ने 'कलिकाल का वाल्मीकि', ब्रिटिश इतिहासकार स्मिथ ने 'मुग़ल काल का सबसे महान व्यक्ति' और ग्रियर्सन जैसे भाषाविद ने 'बुद्धदेव के बाद उत्तर भारत का सबसे बड़ा लोकनायक' कहा है। यही नहीं ग्रियर्सन ने तुलसीकृत 'रामचरितमानस' को उत्तर-भारत की बाइबल माना है। एक ऐसा काव्य-ग्रन्थ जो घर-घर में पूजित धर्म तथा भक्ति का अमर ग्रन्थ बन गया। ऐसे कवि के जन्म, जन्म स्थान, परिवार, निधन आदि के सम्बन्ध में कोई प्रामाणिक जानकारी उपलब्ध नहीं है। उनके सम्बन्ध में विभिन्न प्रकार की जानकारी जनश्रुतियों और व्याख्याओं पर ही आधारित है। इस दृष्टि से देखें तो तुलसीदास का जन्म सन् 1532 ई. को तथा निधन सन् 1623 ई. को हुआ था।

गोस्वामी तुलसीदास ने 'रामचरितमानस', 'जानकी मंगल', 'पार्वती मंगल', 'रामाज्ञा प्रश्न', 'वैराग्यसन्दीपनी', 'कवितावली', 'गीतावली', 'दोहावली', 'श्रीकृष्ण गीतावली', 'रामलला नहछू', 'बरवै रामायण' तथा 'विनय पत्रिका' जैसे बारह ग्रन्थों की रचना की है। तुलसीदास के काव्य को समन्वयवादी काव्य कहा जा सकता है जिसमें एक ओर राम के चरित्र में शील, सौन्दर्य और शक्ति का समन्वय तथा दूसरी ओर ज्ञान, भक्ति तथा कर्म का समन्वय देखने को मिलता है। उनके काव्य का उद्देश्य लोकमंगलकारी होने के कारण उदात्त है। तुलसीदास के काव्य में समाज और जीवन के तमाम रंग दिखायी देते हैं। उन्होंने मुख्यतः दो भाषाओं-अवधी तथा ब्रज में रचना की है। अपनी लोकवादी-मर्यादावादी-समन्वयवादी भक्तिमूलक भाव सम्पदा की अभिव्यक्ति के लिए तुलसीदास में इसी के अनुरूप शैली वैविध्य भी देखने को मिलता है। आचार्य रामचन्द्र शुक्ल इस सन्दर्भ में लिखते हैं कि तुलसीदास ने अपने समय तक व्यवहृत सभी काव्य शैलियों में रचना की है, फिर चाहे वह वीरगाथात्मक छप्पय शैली हो अथवा पद-गीत शैली, चाहे कवित्त-सवैया शैली हो अथवा दोहा-चौपाई शैली। इनके अतिरिक्त सोहर जैसी लोक शैली को भी उन्होंने अद्भुत काव्य माधुर्य प्रदान किया है।

कवितावली

अवधेस के द्वारे सकारे गई सुत गोद कै भूपति लै निकसे।
अवलोकिहौं सोच बिमोचन को ठगि सी रही जे न ठगे धिक से।।
तुलसी मनरंजन रंजित अंजन नयन सुखंजन जातक से।
सजनी ससि में समसील उभै नवनील सरोरुह से बिकसे।।1।।

बर दंत की पंगति कुंदकली अधराधर पल्लव खोलन की।
चपला चमकै धन बीच जगै छवि मोतिन माल अमोलन की।।
घुँघुरारी लटैं लटकैं मुख ऊपर कुंडल लोल कपोलन की।
निवछावरि प्राण करै तुलसी बलि जाऊँ लला इन बोलन की।।2।।

डिगति उर्वि अति गुर्वि सर्व पब्बै समुद्र सर।
ब्याल बधिर तेहि काल बिकल दिगपाल चराचर।।
दिग्गयंद लरखरत परत दसकंठ मुक्खभर।
सुरविमान हिमभानु भानु संघटित परस्पर।।
चौंके बिरंचि संकर सहित कोल कमठ अहि कलमल्यौ।
ब्रह्मांड खंड कियो चंड धुनि जबहिं राम सिवधनु दल्यौ।।3।।

दूलह श्री रघुनाथ बने दुलही सिय सुंदर मंदिर माहीं।
गावति गीत सबै मिलि सुंदरि बेद जुवा जुरि बिप्र पढ़ाहीं।।
राम को रूप निहारति जानकी कंकन के नग की परछाहीं।
यातें सबै सुधि भूलि गई करि टेकि रहा पल टारति नाहीं।।4।।

निपट निदरि बोले बचन कुठारपानि
मानि त्रास औनिपन मानौ मौनता गही।
रोषे माषे लखन अकनि अनखौहीं बातै
तुलसी बिनीत बानी बिहँसि ऐसी कही।।

सुजस तिहारो भरो भुवननि भृगुनाथ,
प्रगट प्रताप आपु कहौ सो सबै सही।
टूट्यो सो न जुरैगो सरासन महेसजू की
रावरी पिनाक मैं सरीकता कहा रही।।5।।

कीर के कागर ज्यौं नृपचीर बिभूषन उप्पम अंगनि पाई।
औध तजी मगबास के रूख ज्यौं पंथ के साथी ज्यौं लोग लुगाई।।
संग सुबंधु पुनीत प्रिया मनो धर्म क्रिया धरि देह सुहाई।
राजिवलोचन राम चले तजि बाप को राज बटाऊ की नाई।।6।।

एहि घाट तें थोरिक दूर अहै कटि लौं जल थाह देखाइहौं जू।
परसे पगधूरि तरै तरनी घरनी घर क्यौं समुझाइहौं जू।।
तुलसी अवलंब न और कछू लरिका केहि भाँति जिआइहौं जू।
बरु मारिए मोहि बिना पग धोए हौं नाथ न नाव चढ़ाइहौं जू।।7।।

रावरे दोष न पायँन को पगधूरि को भूरि प्रभाउ महा है।
पाहन तें बन बाहन काठ को कोमल है जल खाइ रहा है।
पावन पायँ पखारि कै नाव चढ़ाइहौं आयसु होत कहा है।
तुलसी सुनि केवट के बर बैन हँसे प्रभु जानकी ओर हहा है।।8।।

पुर तें निकसी रघुबीर बधू धरि धीर दये मग में डग द्वै।
झलकीं भरि भाल कनी जल की पुट सूखि गए मधुराधर वै।।
फिरि बूझति हैं चलनो अब केतिक पर्ण कुटी करिहौ कित ह्वै।
तिय की लखि आतुरता पिय की अँखियाँ अति चारु चलीं जल च्वै।।9।।

रानी मैं जानी अजानी महा पवि पाहन हूँ ते कठोर हियो है।
राज हु काज अकाज न जान्यो कह्यो तिय को जेहिं कान कियो है।।
ऐसी मनोहर मूरति ये बिछुरे कैसे प्रीतम लोग जियो है।
आँखिन में सखि राखिबे जोग इन्हैं किमि कै बनवास दियो है।।10।।

सीस जटा उर बाहु बिसाल बिलोचन लाल तिरीछी सी भौंहैं।
तून सरासन बान धरे तुलसी बन भारग में सुठि सोहैं।।

सादर बारहिं बार सुभाय चितै तुम त्यों हमरो मन मोहैं।
पूछति ग्रामवधू सिय सों कहौ साँवरे से सखि रावरे को हैं।।11।।

सुनि सुंदर बैन सुधारससाने सयानी हैं जानकी जानी भली।
तिरछे करि नैन दै सैन तिन्हैं समुझाइ कछू मुसुकाइ चली।।
तुलसी तेहि औसर सोहैं सबै अवलोकति लोचन लाहु अली।
अनुराग तड़ाग में भानु उदै बिगसीं मनो मंजुल कंज कली।।12।।

धरि धीर कहैं चलु देखिय जाइ जहाँ सजनी रजनी रहिहैं।
कहिहै जग पोच न सोच कछू फल लोचन आपन तौ लहिहैं।।
सुख पाइहैं कान सुने बतियाँ कल आपुस में कछु पै कहिहैं।
तुलसी अति प्रेम लगीं पलकैं पुलकीं लखि राम हिये महि हैं।।13।।

सर चारिक चारु बनाइ कसे कटि पानि सरासन सायक लै।
बन खेलन राम फिरैं मृगया तुलसी छबि सो बरनै किमि कै।।
अवलोकि अलौकिक रूप मृगी मृग चौंकि चकैं चितवैं चित दै।
न डगैं न भगैं जिय जानि सिलीमुख पंच धरे रतिनायक है।।14।।

बिंध्य के बासी उदासी तपोव्रतधारी महा बिनु नारि दुखारे।
गौतमतीय तरी तुलसी सो कथा सुनि भे मुनिबृंद सुखारे।।
ह्वैहैं सिला सब चंद्रमुखी परसे पद मंजुल कंज तिहारे।
कीन्हीं भली रघुनायकजू करुना करि कानन को पगु धारे।।15।।

बालधो बिसाल बिकराल ज्वाल जाल मानौं
लंक लीलिबे को काल रसना पसारी है।
कैधों ब्योमबीथिका भरे हैं भूरि धूमकेतु
बीररस बीर तरवारि सी उधारी है।।
तुलसी सुरेस चाप कैधौं दामिनी कलाप
कैधों चली मेरु तें कृसानु सरि भारी है।
देखे जातुधान जातुधानी अकुलानी कहैं
कानन उजार्‌यौ अब नगर प्रजारी है।।16।।

जहाँ तहाँ बुबुक बिलोकि बुबुकारी देत
जरत निकेत धावो धावो लागी आगि रे।

कहाँ तात मात भ्रात भगिनि भामिनी भाभी
ढोटे छोटे छोहरा अभागे भोरे भागि रे।।
हाथी छोरो धोरा छोरो महिष बृषभ छोरो
छेरी छोरो सोवै सो जगावो जागि जागि रे।
तुलसी बिलोकि अकुलानी जातुधानी कहैं,
बार बार कह्यो पिय कपि सों न लागि रे।।17।।

एक करै धौंज एक कहै काढ़ौ सौंज
एक औंजि पानी पी कै कहै बनत न आवनो।
एक परे गाढ़े एक डाढ़त हीं काढ़े
एक देखत हैं ठाढ़े कहैं पावक भयावनो।।
तुलसी कहत एक नीके हाथ लाए कपि
अजहूँ न छाड़ै बाल गाल को बजावनो।
धावो रे बुझावो रे कि बावरे हौ रावरे या
औरै आगि लागी न बुझावै सिंधु सावनो।।18।।

रावन सो राजरोग बाढ़त बिराट उर
दिन दिन बिकल सकलसुखराँक सो।
नाना उपचार करि हारे सुर सिद्ध मुनि
होत न बिसोक ओत पावै न मनाक सो।।
राम की रजाय तें रसायनी समीर सूनु
उतरि पयोधि पार सोधि सरवांक सो।
जातुधान बुट पुटपाट लंक जातरूप
रतन जतन जारि कियो है मृगांक सो।।19।।

नगर कुबेर को सुमेरु की बराबरी
बिरंचि बुद्धि को बिलास लंक निरमान भो।
ईसहिं चढ़ाय सीस बीसबाहु बीर तहाँ
रावन सो राजा रजतेज को निधान भो।।
तुलसी त्रिलोक की समृद्धि सौंज संपदा
सकेलि चाकि राखी रासि जाँगर जहान भो।।
तीसरे उपास बनवास सिंधुपास सो
समाज महराजजू को एक दिन दान भो।।20।।

बिहारी

रीतिकाल के लोकप्रिय एवं चर्चित कवि बिहारी का जन्म सन् 1595 ई. को ग्वालियर के निकट बसुआ गोविन्दपुर गाँव के एक ब्राह्मण परिवार में हुआ था। बिहारी का बचपन तो ग्वालियर में ही बीता लेकिन विवाह के बाद वह अपनी ससुराल मथुरा में आ कर बस गये। वहीं पर इन्होंने उर्दू तथा फ़ारसी का अध्ययन किया तथा बादशाह शाहजहाँ के कृपापात्र बने। इनके माध्यम से ही बिहारी का सम्पर्क कुछ अन्य राजाओं-महाराजाओं से भी हुआ। बूँदी, जोधपुर जैसी रियासतों से बिहारी को वृत्ति मिलती थी। वैसे बिहारी जयपुर के महाराज जयसिंह के दरबार में राजकवि थे। कहा जाता है कि राजा जयसिंह के द्वारा बिहारी को एक-एक दोहे की रचना करने पर एक सोने की अशर्फ़ी मिलती थी। इस बात में कितनी सत्यता है, इसके सम्बन्ध में तो कुछ नहीं कहा जा सकता किन्तु इतना निश्चित है कि महाराजा जयसिंह ने बिहारी को पुरस्कार स्वरूप कई गाँव दे दिये थे। जयपुर स्थित आमेर के किले में राजकवि बिहारी के कक्ष को आज भी देखा जा सकता है। बिहारी का जयपुर दरबार में बहुत सम्मान था। बिहारी व्याकरण, साहित्य शास्त्र, ज्योतिष, वैद्यक, दर्शन तथा राजनीति के भी अच्छे ज्ञाता थे।

बिहारी के बिना रीतिकाव्य की चर्चा अधूरी प्रतीत होती है। इनकी ख्याति का गौरव स्तम्भ 'सतसई' है जिसमें 713 दोहे हैं। 'सतसई' का मूल विषय शृंगार है। यद्यपि कुछ नीतिपरक तथा भक्तिपरक दोहे भी मिलते हैं। शृंगार तथा सौन्दर्य का चित्रण बिहारी ने जिस तरह से 'सतसई' में किया है, वह अद्‌भुत है। रूप-वर्णन, वयःसन्धि वर्णन, युवावस्था की मादक एवं काम क्रीड़ाओं के चित्रण में बिहारी का कोई सानी नहीं है। बिहारी ने नारी के बाल-सौन्दर्य का वर्णन जिस कुशलता के साथ किया है, उतनी कुशलता, सूक्ष्मता तथा 'इंटेंसिटी' के साथ वह आन्तरिक सौन्दर्य को नहीं उजागर कर पाये। इसीलिए शृंगार के संयोग-पक्ष का चित्रण जितना प्रभावशाली है उतना वियोग-पक्ष का नहीं। बिहारी सतसई की भाषा साहित्यिक ब्रजभाषा है, जो विषय के अनुसार अपना रूप बदलती जाती है। बिहारी का निधन सन् 1663 ई. को हुआ था।

बिहारी

जम-करि-मुँह-तरहरि पर्‌यौ यह धरहरि चित लाव।
विषय-तृषा परिहरि अजौं नरहरि के गुन गाव।।1।।
पलनि पीक अंजन अधर धरे महावर भाल।
आजु मिले सु भली करी भले बने हौ लाल।।2।।
लाज गरब आलस उमँग भरे नैन मुसक्यात।
राति रमी रति देति कहि औरै प्रभा प्रभात।।3।।
पति रति की बतियाँ कहीं सखी लखी मुसकाय।
कै कै सबै टलाटलीं अलीं चलीं सुख पाय।।4।।
तो पर वारौं उरबसी सुनि राधिके सुजान।
तूँ मोहन के उस बसी ह्वै उरबसी समान।।5।।
कुच गिरि चढ़ि अति थकित ह्वै चली डीठि मुँह चाड़।
फिरि न टरी परियै रही परी चिबुक की गाड़।।6।।
बेधक अनियारे नयन बेधत क़रि न निषेध।
बरबस बेधत मो हियो तो नासा को बेध।।7।।
लोने मुँह डीठि न लगै यौं कहि दीनौं ईठि।
दूनी ह्वै लागन लगी दियें डिठौना डीठि।।8।।
चितवनि रूखे दृगन की बिन हाँसी मुसकानि।
मान जनायौ मानिनी जानि लियौ पिय जानि।।9।।
सब ही त्यौं समुहाति छिन चलति सबनि दै पीठि।
वाही त्यौं ठहराति यह किबलनुमा लौं डीठि।।10।।
कौन भाँति रहिहैं विरद अब देखबी मुरारि।
बीघे मोसों आनिकै गीधे गीधहिं तारि।।11।।
कहत नटत रीझत खिझत मिलत खिलत लजियात।
भरे मौन में करत हैं नैननि ही सों बात।।12।।
वाही की चित चटपटी धरत अटपटे पाय।
लपट बुझावत बिरह की कपट भरेहू आय।।13।।

लिखि गुरजन बिच कमल सों सीस छुवायो स्याम।
हरि-सनमुख करि आरसी हियें लगाई बाम।।14।।
पाय महावर दैन कौं नाइन बैठी आय।
फिरि फिरि जानि महावरी एँड़ी मीड़ति जाय।।15।।
तोही निरमोही लग्यौ मोही यहै सुभाव।
अनआयें आवै नहीं आएँ आवत आव।।16।।
नेह न नैनन कौं कछू उपजी बड़ी बलाय।
नीर-भरे नितप्रति रहैं तऊ न प्यास बुझाय।।17।।
नहिं पराग नहिं मधुर मधु नहिं विकास इहिं काल।
अली कली ही सौं बँध्यौ आगे कौन हवाल।।18।।
लाल तिहारे बिरह की अगिनि अनूप अपार।
सरसै बरसें नीरहू झरहू मिटै न झार।।19।।
देह दुलहिया की बढ़ै ज्यौं ज्यौं जोबन-जोति।
त्यौं त्यौं लखि सौत्यैं सबै बदन-मलिन दुति होति।।20।।
जगत जनायो जिहिं सकल सो हरि जान्यौ नाहिं।
ज्यौं आँखिन सब देखियै आँखि न देखी जाहिं।।21।।
मंगल बिंदु सुरंग, मुख ससि केसर-आड़ गुरु।
इक नारी लहि संग, रसमय किय लोचन-जगत।।22।।
पिय तिय सों हँसिकै कह्यौ लखें डिठौना दीन
चंद-मुखी मुख-चंद तैं भलो चंद-सम कीन।।23।।
कौहर सी एँड़ीन की लाली देखि सुभाय।
पाय महावर देह कौं आप भई बे-पाय।।24।।
खेलन सिखए अलि भलें चतुर अहेरी मार।
कानन-चारी नैन-मृग नागर-नरनि सिकार।।25।।
रससिगार मंजन किए कंजन-भंजन-दैन।
अंजन-रंजनहूँ बिना खंजनगंजन नैन।।26।।
साजे मोहन-मोह कौं मोहीं करत कुचैन।
कहा करौं उलटे परे टोने लोने नैन।।27।।
याके उर औरै कछू लगी बिरह की लाय।
पजरै नीर गुलाब कें पिय की बात बुझाय।।28।।
कहा लेहुगे खेल पै तजौ अटपटी बात।

नैक हँसौंहीं हैं भईं भौहैं सौहैं खात।।29।।
डारी सारी नील की ओट अचूक चुकैं न।
मो मन-मृग करबर गहैं अहे अहेरी नैन।।30।।
दीरघ साँस न लेहि दुख सुख साईं नहिं भूलि।
दई दई क्यों करत है दई दई सु कबूलि।।31।।
बैठिं रही अति सघन बन पैठि सदन-तन माँह।
निरखि दुपहरी जेठ की छाँहों चाहति छाँह।।32।।
हाहा बदन उघारि दृग सफल करैं सब कोय
रोज सरोजन कें परै हँसी ससी की होय।।33।।
होमति सुख करि कामना तुमहि मिलन की लाल।
ज्वालमुखी सी जरति लखि लगनि-अगनि की ज्वाल।।34।।
सायक-सम मायक नयन रँगे त्रिबिध रंग गात।
झखौ बिलखि दूरि जात जल लखि जलजात लजात।।35।।
मरी डरी की टरी बिथा कहा खरी चलि चाहि।
रही कराहि कराहि अति अब मुँह आहि न आहि।।36।।
कहा भयौ जौ बीछुरे मो मन तो मन साथ।
उड़ी जाति कितहूँ गुड़ी तऊ उड़ायक-हाथ।।37।।
लखि लोयन लोयनन को को इन होय न आज।
कौन गरीब निवाजिबो कित तूठ्यौ रतिराज।।38।।
सीतलता रु सुगन्ध की घटै न महिमा-मूर।
पीनसवारें जौ तज्यौ सोरा जानि कपूर।।39।।
कागद पर लिखत न बनत, कइत सँदेस लजात।
कहिहै सब तेरो हियो, मेरे हिय की बात।।40।।

घनानन्द

प्रेम की पीड़ा के उन्मत्त गायक तथा रीतिमुक्त काव्य-धारा के सर्वश्रेष्ठ कवि घनानन्द की जीवनी के सम्बन्ध में भी विद्वानों में पर्याप्त मतभेद है। आचार्य विश्वनाथ प्रसाद मिश्र के अनुसार घनानन्द का जन्म सन् 1673 ई. को हुआ था तथा मृत्यु सन् 1760 ई. को हुई थी। कहा जाता है कि घनानन्द विलासी मुग़ल सम्राट मुहम्मदशाह रंगीले के मीर मुन्शी थे। हिन्दी में 'आनन्दघन', 'घनानन्द', 'घन-आनन्द' और 'आनन्द' के नाम से सैंकड़ों रचनाएँ मिलती हैं। आरम्भ में ये सब रचनाएँ एक ही कवि द्वारा रची हुई मानी जाती रहीं लेकिन आगे चल कर अनुसन्धानकार्यों से ज्ञात हुआ कि ये रचनाएँ विभिन्न कवियों द्वारा रची गयी हैं। अतः आचार्य विश्वनाथ प्रसाद मिश्र द्वारा सम्पादित 'घनानन्द ग्रन्थावली' को ही घनानन्द की रचनाओं का प्रामाणिक ग्रन्थ माना जा सकता है। इस ग्रन्थावली में मिश्र जी ने घनानन्द की छोटी-बड़ी इकतालीस रचनाओं को स्थान दिया है।

घनानन्द ने प्रेम के संयोग तथा वियोग पक्ष दोनों का चित्रण किया है किन्तु इनके वियोग-वर्णन में जो उद्विग्नता, विह्वलता, तड़प, बेचैनी और पीड़ा देखने को मिलती है वह पूरी हिन्दी कविता के अन्तर्गत किसी दूसरे कवि में देखने को नहीं मिलती है। बहुत बार तो घनानन्द की कविता के भीतर से गुज़र कर ऐसा लगता है कि आधुनिक युग में महादेवी वर्मा ने भी घनानन्द जैसे कवि की वीणा उधार ले कर उस पर अपने गीतों को गाया है। अपनी रचना-प्रक्रिया के सम्बन्ध में स्वयं घनानन्द का कहना है—'लोग हैं लागि कबित्त बनावत, मोहिं तौ मेरे कबित्त बनावत'। अर्थात् मैंने कवित्त नहीं बनाये अपितु मेरे कवित्तों ने स्वयं मुझे ही बनाया है।

वास्तव में घनानन्द की कविता प्रेम की पीड़ा की उपज है जिसमें भाववैविध्य के साथ शैली वैविध्य का भी सुन्दर विधान किया गया है। घनानन्द के मित्र ब्रजनाथ से ले कर आज तक सभी विद्वानों ने घनानन्द की कविता की मुक्तकण्ठ से प्रशंसा की है। उनकी कविता को गहराई से समझने के लिए ब्रजनाथ की निम्न पंक्तियों को समझना आवश्यक प्रतीत होता है। ब्रजनाथ लिखते हैं—

'नेही महा, ब्रजभाषा-प्रबीन औ सुन्दरतानि के भेद कों जानै।
जोग-बियोग की रीति मैं कोबिद, भावना-भेद-स्वरूप कों ठानै।
चाह के रंग मैं भीज्यौ हियो, बिछुरें-मिलें प्रीतम सांति न मानै।
भाषा-प्रबीन सुछंद सदा रहै, सो घन जी के कबित्त बखानै।'

घनानन्द

(उपक्रम—कवि-प्रशस्ति)

सवैया

नेही महा, ब्रजभाषा-प्रबीन और सुंदरतानि के भेद कौं जानै।
जोग-बियोग की रीति मैं कोबिद, भावना-भेद-स्वरूप कौं ठानै।
चाह के रंग मैं भीज्यौ हियो, बिछुरैं-मिलैं प्रीतम सांति न मानै।
भाषा-प्रबीन, सुछंद सदा रहै, सो घन जी के कबित्त बखानै।।1।।

प्रेम सदा आति ऊँचो लहै सु कहै इहि भाँति की बात छकी।
सुनि कै सब के मन लालच दौरे, पै बौरे लखैं सब बुद्धि-चकी।
जग की कबिताई के धोखैं रहै ह्याँ प्रबीनन की मति जाति जकी।
समुझै कबिता घनआनँद की हिय-आँखिनेह की पीर तकी।।2।।

कबित्त

लाजनि लपेटी चितवनि भेद-भाय-भरी
लसति ललित लोल-चख-तिरछानि मैं।
छबि को सदन गोरो बदन, रुचिर भाल,
रस निचुरत मीठी मृदु मुसक्यानि मैं।
दसन-दमक फैलि हियैं मोती-माल होति,
पिय सौं लड़कि प्रेम-पगी बतरानि मैं।
आनँद की निधि जगमगति छबीली बाल
अंगनि अनंग-रंग ढुरि मुरि जानि मैं।।1।।

सवैया

झलकै अति सुंदर आनन गौर, छके दृग राजत काननि छ्वै।
हँसि बोलन मैं छबि-फूलन की बरषा, उर-ऊपर जाति हैं ह्वै।
लट लोल कपोल कलोल करै, कल कंठ बनी जलजावलि द्वै।
अँग-अंग तरंग उठै दुति की, परिहै मनौ रूप अबै धर च्वै।।2।।

कबित्त

छबि को सदन, मोदमंडित बदन-चंद,
तृषित चखनि लाल, कब धौं दिखायहौ।
चटकीलो भेख करे, मटकीली भाँति सों ही
मुरली अधर धरें लटकत आयहौ।
लोचन ढुराय, कछू मृदु मुसक्याय, नेह
भीनी बतियानि लड़काय बतरायहौ।
बिरह-जरत जिय जानि, आनि प्रानप्यारे,
कृपानिधि, आनँद को घन बरसायहौ।।3।।

वहै मुसक्यानि, वहै मृदु बतरानि वहै
लड़कीली बानि आनि उर मैं अरति है।
वहै गति लैन, औ बजावनि ललित बैन,
वहै हँसि दैन, हियरा तें न टरति है।
वहै चतुराई सों चिताई चाहिबे की छबि,
वहै छैलताई न छिनक बिसरति है।
आनँदनिधान प्रानप्रीतम सुजान जू की
सुधि जब भाँतिन सों बेसुधि करति है।।4।।

जासों प्रीति ताहि निठुराई सों निपट नेह,
कैसें करि जिय की जरनि सो जताइयै।
महा निरदई, दई कैसें कै जिवाऊँ जीव,
बेदन की बढ़वारि कहाँ लौं दुराइयै।
दुख को बखान करिबे कौं रसना कैं होति,
ऐपै कहुँ वाको मुख देखन न पाइयै।

रैन-दिन चैन को न लेस कहूँ पैयै, भाग
आपने ही ऐसे, दोष काहि धौं लगाइयै।।5।।

सवैया

भोर तें साँझ लौं कानन ओर निहारति बावरी नेकु न हारति।
साँझ तें भोर लौं तारनि ताकिबो तारनि सौं इकतार न टारति।
जौ कहूँ भावतो दीठि परै घनआनँद आँसुनि औसर गारति।
मोहन-सोंहन जोहन की लगियै रहै आँखिन के उर आरति।।6।।

कबित्त

भए अति निठुर, मिटाय पहिचानि डारी
याही दुख हमैं जक लागी हाय हाय है।
तुम तौ निपट निरदई, गई भूलि सुधि,
हमैं सूल सेलनि सो क्यौं हूँ न भुलाय है।
मीठे-मीठे बोल बोलि, ठगी पहिलैं तौ तब,
अब जिय जारत, कहौ धौं कौन न्याय है।
सुनी है कै नाहीं, यह प्रगट कहावति जू,
काहू कलपायहै सु कैसें कल पाय है।।7।।

सवैया

हीन भएँ जल मीन अधीन, कहा कछु मो अकुलानि-समानै।
नीर-सनेही कौं लाय कलंक निरास ह्वै कायर त्यागत प्रानै।
प्रीति की रीति सु क्यौं समुझै जड़, मीत के पानि परे कौं प्रमानै।
या मन की जु दसा,धनआनँद जीव की जीवनि जान ही जानै।।8।।

मैथिलीशरण गुप्त

ब्रजभाषा से अपना कवि-जीवन प्रारम्भ करने वाले हिन्दी-कविता की राष्ट्रीय चेतना के अग्रदूत, 'राष्ट्रकवि' की उपाधि से सम्मानित मैथिलीशरण गुप्त का जन्म सन् 1886 ई. को चिरगाँव (झाँसी) के एक सम्पन्न परिवार में तथा निधन सन् 1964 ई. को हुआ। मैथिलीशरण गुप्त अनेक वर्षों तक राज्य सभा के सदस्य भी रहे। इनकी प्रमुख कृतियाँ भारत-भारती, जयद्रथ वध, यशोधरा, पंचवटी, साकेत, हिन्दू, जय भारत, सिद्धराज तथा द्वापर आदि हैं। एक समय था जब लोग 'वन्देमातरम' तथा 'भारत भारती' की पंक्तियाँ गाते-गाते अंग्रेज़ों के दमनचक्र के विरुद्ध गिरफ्तारियाँ देते हुए फाँसी के फन्दे पर झूल जाते थे। वही 'भारत भारती' जिसमें मैथिलीशरण गुप्त ने स्पष्ट शब्दों में घोषित किया था–

'केवल मनोरंजन न कवि का कर्म होना चाहिए,
उसमें उचित उपदेश का भी मर्म होना चाहिए।'

इनकी कविताएँ हमारे धार्मिक, सांस्कृतिक, सामाजिक, राजनीतिक जागरण की कविताएँ हैं। इन्होंने अपनी रचनाओं में पुराख्यानों को आधुनिक सन्दर्भों से जोड़ कर प्रस्तुत किया है। एक आलोचक के शब्दों में कहें तो मैथिलीशरण गुप्त धर्म में विशिष्ट द्वैतवादी, विचारों में गाँधीवादी और साहित्य में अभिधावादी हैं। वे काव्य में रस, अनुभव, काव्यगुण और छंद के ठीक निर्वाह के आग्रही हैं। गुप्त जी का पहला महत्त्वपूर्ण काव्य 'भारत-भारती' है जिसकी रचना 1913 में हुई। 'साकेत' सन् 1931 में प्रकाशित हुआ। 'साकेत' और 'भारत-भारती' के प्रकाशन के मध्यवर्ती काल में गुप्त जी की विभिन्न रचनाएँ छपीं, इनमें शकुन्तला, पंचवटी, त्रिपथगा, गुरुकुल, झंकार आदि प्रमुख हैं। मैथिलीशरण गुप्त वास्तव में एक साधक कवि थे और 'साकेत' उनकी साधना की चरमोपलब्धि है। डॉ. बच्चन सिंह ने गुप्त जी के कवि-व्यक्तित्व को रेखांकित करते हुए लिखा है कि जिस प्रकार उनके गुरु ने हिन्दी गद्य की भाषा का परिष्कार किया, उसी तरह उन्होंने खड़ी बोली पद्य की प्रकृति को सुरक्षित रखते हुए उसकी भाषा को संस्कार दिया। द्विवेदी जी के संरक्षण में उन्होंने एक शैली निर्मित की जिसे 'सरस्वती शैली' कहा जा सकता है।

भारत वर्ष

भू-लोक का गौरव, प्रकृति का पुण्य-लीला-स्थल कहाँ?
फैला मनोहर गिरि हिमालय और गंगाजल जहाँ।
सम्पूर्ण देशों से अधिक किस देश का उत्कर्ष है?
उसका कि जो ऋषिभूमि है, वह कौन? भारतवर्ष है।।

हाँ वृद्ध भारतवर्ष ही संसार का सिरमौर है,
ऐसा पुरातन देश कोई विश्व में क्या और है?
भगवान् की भवभूतियों का यह प्रथम भण्डार है,
विधि ने किया नर-सृष्टि का पहले यहीं विस्तार है।।

यह पुण्यभूमि प्रसिद्ध है, इसके निवासी आर्य हैं।
विद्या, कला-कौशल सभी के जो प्रथम आचार्य हैं।
सन्तान उनकी आज यद्यपि हम अधोगति में पड़े
पर चिह्न उनकी उच्चता के आज भी कुछ हैं खड़े।।

शुभ शान्तिमय शोभा यहाँ भव-बन्धनों को खोलती,
हिल-मिल मृगों से खेल करती सिंहनी भी डोलती।
स्वर्गीय भावों से भरे ऋषि होम करते थे जहाँ,
उन ऋषिगणों से ही हमारा था हुआ उद्भव यहाँ।।

नवयुवकों से

हे नवयुवाओ! देश भर की दृष्टि तुम पर ही लगी,
है मनुज जीवन की तुम्हीं में ज्योति सबसे जगमगी।
दोगे न तुम तो कौन देगा योग देशोद्धार में?
देखो, कहाँ क्या हो रहा है आजकल संसार में।।

जो कुछ पढ़ो तुम कार्य में भी साथ ही परिणत करो,
सब भक्तवर प्रह्लाद की निम्नोक्ति को मन में धरो—
"कौमार में ही भागवत धर्माचरण कर लो यहाँ"
नर-जन्म दुर्लभ और वह भी अधिक रहता है कहाँ।।

दो पथ, असंयम और संयम, हैं तुम्हें अब सब कहीं,
पहला अशुभ है, दूसरा शुभ है, इसे भूलो नहीं।
पर मन प्रथम की ओर ही तुमको झुकायेगा अभी,
यदि तुम न सँभलोगे अभी तो फिर न सँभलोगे कभी।।

जयशंकर प्रसाद

बहुआयामी प्रतिभा के धनी जयशंकर प्रसाद का नाम हिन्दी-साहित्य में श्रेष्ठतम कवि के साथ-साथ प्रतिष्ठित कथाकार एवं नाटककार के रूप में भी लिया जाता है। जयशंकर प्रसाद का कवि-जीवन भी ब्रज भाषा में रचित कविताओं से प्रारम्भ होता है। आरम्भ में वह 'कलाधर' नाम से लिखते थे। हिन्दी में छायावादी कविता के प्रवर्तक जयशंकर प्रसाद का जन्म सन् 1890 ई. को तथा निधन सन् 1937 ई. को हुआ था। वैसे डॉ. बच्चन सिंह प्रसाद को छायावाद का प्रवर्तक मानने के पक्ष में नहीं हैं। उनका कहना है, 'प्रसाद को छायावाद का प्रवर्तक कहना कवि के प्रति अन्धश्रद्धा का सूचक है। प्रसाद, निराला, पन्त ने लगभग एक समय में लिखना प्रारम्भ किया था। किसी कवि के थोड़ा पहले जन्म लेने मात्र से उसे किसी काव्यान्दोलन का प्रवर्तक नहीं ठहराया जा सकता। इसे विशिष्ट काल खण्ड का उत्पादन मानना चाहिए। प्रसाद का 'आँसू' जो उनकी पहली छायावादी कृति है सन् 1925 में प्रकाशित हुई। इसके पहले निराला की 'अनामिका' (प्रथम) सन् 1923 में छपी। पन्त के 'पल्लव' का प्रकाशन सन् 1926 में हुआ।' डॉ. सिंह छायावाद के प्रवर्तन की चर्चा करते हुए आगे लिखते हैं कि इसके प्रवर्तन का श्रेय प्रसाद, निराला और पन्त को एक साथ दिया जा सकता है।

जयशंकर प्रसाद की रचनाओं में चाहे वह 'कानन कुसुम' हो अथवा 'प्रेम पथिक', 'महाराणा का महत्त्व' हो या 'करुणालय', 'सम्राट चन्द्रगुप्त मौर्य' हो या 'छाया', 'उर्वशी', 'राज्य श्री', 'प्रायश्चित' अथवा 'कल्याणी परिणय' (यह सभी ग्रन्थ 'चित्राधार' में संकलित है।) 'झरना' हो या 'आँसू', 'लहर' हो या 'प्रेम पथिक', 'कामायनी' इनकी अन्तिम अन्यतम रचना है। कवि को शिखर रूप में प्रतिष्ठित करने का श्रेय इसी 'कामायनी' को जाता है। जयशंकर प्रसाद ने 'कामायनी' के आमुख में लिखा है, 'यह आख्यान इतना प्राचीन है कि इतिहास के रूपक का भी अद्‌भुत मिश्रण हो गया है। इसीलिए मनु, श्रद्धा और इड़ा इत्यादि अपना ऐतिहासिक अस्तित्व रखते हुए भी सांकेतिक अर्थ की अभिव्यक्ति करें तो मुझे कोई आपत्ति नहीं। मनु अर्थात मन के दोनों पक्ष हृदय और मस्तिषक का सम्बन्ध क्रमशः श्रद्धा और इड़ा से भी सरलता से लग जाता है।' इस आमुख को नजरन्दाज करके भी कुछ आलोचकों ने

'कामायनी' को विश्लेषित करने का असफल प्रयास किया है। 'हिन्दी साहित्य का दूसरा इतिहास' के लेखक डॉ. बच्चन सिंह इस कृति के सम्बन्ध में अपना निष्कर्ष प्रस्तुत करते हुए कहते हैं कि अपनी संरचनात्मक त्रुटियों के बावजूद कामायनी का काव्य वैभव अप्रतिम है। यह युग को पूरी तरह आकलित करता है। अतः वह आधुनिक काव्य है। इसमें अपने समय का दार्शनिक चिन्तन तथा भौतिक समस्याओं को इस तरह लिया गया है कि मूलतः यह कर्म-राग का काव्य बन गया है। इसमें विकासवाद, बुद्धिवाद, उदारतावाद, भौतिकवाद आदि का यथोचित समावेश है।

भारत देश

अरुण यह मधुमय देश हमारा।
जहाँ पहुँच अनजान क्षितिज को मिलता एक सहारा।।

सरस तामरस गर्भ विभा पर नाच रही तरुशिखा मनोहर।
छिटका जीवन हरियाली पर मंगल कुंकुम सारा।।

लघु सुरधनु से पँख पसारे शीतल मलय समीर सहारे।
उड़ते खग जिस ओर मुँह किये समझ नीड़ निज प्यारा।।

बरसाती आँखों के बादल बनते जहाँ भरे करुणा जल।
लहरें टकरातीं अनन्त की पा कर जहाँ किनारा।।

हेम-कुम्भ ले उषा सवेरे भरती ढुलकाती सुख मेरे।
मदिर ऊँघते रहते जब जग कर रजनी भर तारा।।

गीत

बीती विभावरी जाग री!
अम्बर-पनघट पर डुबो रही तारा-घट ऊषा नागरी।।

खग कुल कुल-कुल-सा बोल रहा,
किसलय का अंचल डोल रहा।
लो यह लतिका भी भर लाई–
मधु मुकुल नवल रस गागरी।।

अधरों में राग अमन्द पिये,

अलकों में मलयज बन्द किये।

तू अब तक सोई है आली!

आँखों में भरे विहाग री!

सूर्यकान्त त्रिपाठी 'निराला'

'दुःख ही जीवन की कथा रही,' यह पंक्ति छायावाद के आधार स्तम्भ उस कवि की है जिसका पूरा जीवन दुःखों का संघर्षों की अपराजेय गाथा रही है। 'निराला' के नाम से प्रसिद्ध इस कवि का जन्म 21 फरवरी सन् 1899 ई. को बंगाल के मेदिनीपुर जिले के महिषादल नामक स्थान पर तथा मृत्यु 15 अक्तूबर सन् 1961 को हुई थी। निराला की साहित्य-साधना सन् 1920 से ले कर सन् 1961 तक लगभग चालीस वर्षों में फैली हुई है। अध्ययन की सुविधा की दृष्टि से निराला की सम्पूर्ण काव्य रचनाओं को हम तीन सोपानों में बाँट सकते हैं। पहला सोपान सन् 1920 से सन् 1938 तक के समय में रची गयी रचनाओं का है, जिसके अन्तर्गत अनामिका (प्रथम), परिमल, गीतिका, अनामिका (द्वितीय) तथा तुलसीदास जैसी रचनाएँ आती हैं। दूसरा सोपान सन् 1939 से सन् 1949 तक की रचनाओं का है, जिसके अन्तर्गत अणिमा, कुकुरमुत्ता, बेला तथा नये पत्ते आदि को रखा जा सकता है। तीसरे सोपान के अन्तर्गत सन् 1950 से सन् 1961 तक रची गयी रचनाएँ आती हैं जिसमें अर्चना, अराधना, गीति गुंज एवं सन्ध्या काकली को लिया जा सकता है। कविता के अतिरिक्त निराला जी ने कहानियों, उपन्यासों का सृजन करने के अतिरिक्त निबन्ध और आलोचना में भी प्रभावशाली हस्तक्षेप किया है। इनमें 'लिली', 'चतुरी चमार' तथा 'सुकुल की बीवी' जैसे कहानी संग्रह, 'अलका', 'अप्सरा', 'प्रभावती', 'निरुपमा', 'बिल्लेसुर बकरिहा' और 'कुल्लीभाट' जैसे उपन्यास तथा 'प्रबन्ध प्रतिमा' और 'रवीन्द्र कविता कानन' जैसी निबन्ध एवं आलोचना की पुस्तकें उल्लेखनीय हैं।

निराला मूलतः कवि थे। एक क्रांतिकारी कवि। उनकी इस क्रांतिकारिता को जीवन और साहित्य में निरन्तर देखा जा सकता है। उन्होंने पहली बार हिन्दी-कविता को छन्दों के बन्धन से मुक्त किया। उनकी स्वीकारोक्ति है—'मनुष्यों की मुक्ति की तरह कविता की भी मुक्ति होती है। मनुष्यों की मुक्ति कर्मों के बन्धन से छुटकारा पाना है और कविता की मुक्ति छन्दों के शासन से अलग हो जाना।' गहराई से देखें तो निराला की कविताओं का अपना एक आन्तरिक छन्द है उसकी अपनी एक आन्तरिक लय है। 'तुलसीदास' (1934), 'सरोज स्मृति' (1935) और 'राम की शक्ति पूजा' (1936) जैसी कविताएँ न केवल निराला की अपितु हिन्दी-कविता की एक महत्त्वपूर्ण उपलब्धि है।

जागो फिर एक बार

जागो फिर एक बार!

प्यारे जगाते हुए हारे सब तारे तुम्हें
अरुण-पंख तरुण-किरण
खड़ी खोलती है द्वार—
जागो फिर एक बार!
आँखें अलियों-सी
किस मधु की गलियों में फँसी,
बन्द कर पाँखें
पी रही हैं मधु मौन
या सोयी कमल-कोरकों में—
बन्द हो रहा गुञ्जार—
जागो फिर एक बार!

अस्ताचल ढले रवि,
शशि-छवि विभावरी में
चित्रित हुई है देख
यामिनी-गन्धा जगी,
एकटक चकोर-कोर दर्शन-प्रिय,
आशाओं भरी मौन भाषा बहु भावमयी
घेर रहा चन्द्र को चाव से,
शिशिर-भार-व्याकुल कुल
खुले फूल झुके हुए,
आया कलियों में मधुर
मद-उर यौवन-उभार—
जागो फिर एक बार!

पिउ-रव पपीहे प्रिय बोल रहे,
सेज पर विरह-विदग्धा वधू
याद कर बीती बातें, रातें मन-मिलन की
मूँद रही पलकें चारु,
नयन-जल ढल गए,
लघुतर कर व्यथा-भार–
जागो फिर एक बार!

सहृदय समीर जैसे
पोंछो प्रिय, नयन-नीर
शयन-शिथिल-बाँहें
भर स्वप्निल आवेश में
आतुर उर वसन-मुक्त कर दो,
सब सुप्ति सुखोन्माद हो,
छूट-छूट अलस
फैल जाने दो पीठ पर
कल्पना से कोमल
ऋतु-कुटिल प्रसार-कामी केश-गुच्छ।
तन-मन थक जाएँ,
मृदु सुरभि-सी समीर में
बुद्धि-बुद्धि में हो लीन,
मन में मन, जी जी में,
एक अनुभव बहता रहे
अभय आत्माओं में
कब से मैं रही पुकार–
जागो फिर एक बार!

उगे अरुणाचल में रवि
आई भारती-रति कवि-कण्ठ में,
क्षण-क्षण में परिवर्तित
होते रहे प्रकृति-पट,
गया दिन, आई रात,

गयी रात, खुला दिन,
ऐसे ही संसार के बीते दिन, पक्ष, मास,
विर्ष कितने की हज़ार—
जागो फिर एक बार!

वर दे

वर दे, वीणावादिनि, वर दे!
प्रिय स्वतन्त्र रव, अमृत मन्त्र नव
भारत में भर दे!

काट अन्ध उर के बन्धन-स्तर
बहा अवनि, ज्योतिर्मय निर्झर;
कलुष भेद तम हर प्रकाश भर
जगमग जग कर दे!

नव गति, नव लय, ताल-छंद नव,
नवल कण्ठ, नव जलद मन्द्र रव;
नव नभ के नव विहग-वृन्द को
नव पर, नव स्वर दे!

सुमित्रानन्दन पन्त

प्रकृति के सुकुमार कवि सुमित्रानन्दन पन्त का जन्म हिमालय के आँचल में अल्मोड़ा ज़िले के कौसानी नामक गाँव में सन् 1901 को तथा निधन सन् 1977 को हुआ था। सुमित्रानन्दन पन्त का बचपन का नाम गोसाईं दत्त पन्त था। इनको हिन्दी-कविता का वर्ड्सवर्थ भी कहा जा सकता है। अपने विशिष्ट बिम्बों और प्रतीकों के माध्यम से प्राकृतिक दृश्यविधान की सूक्ष्म अभिव्यक्ति करने में पन्त अद्वितीय हैं।

सुमित्रानन्दन पन्त की जीवन-दृष्टि 'पल-पल परिवर्तित' होती चली गयी है। अपनी आरम्भिक रचनाओं (जिनमें 'पल्लव' 1926, 'गुंजन' 1932, 'ज्योत्सना' 1934 की कविताएँ आती हैं) में पन्त प्रकृतिवादी तथा 'युगान्त', 'युगवाणी' और 'ग्राम्या' में प्रगतिवादी नज़र आते हैं। 'कला और बूढ़ा चाँद,' 'अभिषेकिता', 'लोकायतन', 'आस्था', गीत-अगीत' तथा 'संक्रान्ति' जैसी रचनाओं में पन्त का कवि बौद्धिकतावादी हो गया है। इनमें चिन्तन और दर्शन का प्राधान्य अधिक देखने को मिलता है। 'लोकायतन' पर पन्त को साहित्य अकादमी तथा 'चिदम्बरा' पर भारतीय ज्ञानपीठ पुरस्कार भी मिला था। सुमित्रानन्दन पन्त ने 'रूपाभ' नाम की पत्रिका का सम्पादन भी किया था।

'परिवर्तन', 'भावी पत्नी के प्रति', 'सान्ध्य तारा' और 'नौकाविहार' जैसी कविताएँ पन्त की श्रेष्ठ रचनाएँ है जिन्हें कविता का पाठक बार-बार पढ़ना चाहता है। 'भावी पत्नी के प्रति' जैसी कविता के सम्बन्ध में डॉ. बच्चन सिंह अपने 'हिन्दी साहित्य का दूसरा इतिहास' पुस्तक में लिखते हैं कि 'भावी पत्नी के प्रति' पालग्रेव की 'गोल्डन ट्रेजिरी' क्रैशा की संगृहीत रचना 'फार सवोज्ड मिस्ट्रेस' से अनुप्रेरित मालूम पड़ती है। पर पन्त की रचना वस्तु और विन्यास में क्रैशा को बहुत पीछे छोड़ देती है। लगता है, 'भावी पत्नी के प्रति' में 'ग्रन्थि' का काल्पनिक स्तर पर, नया जन्म हुआ है। मिलन का एक बिम्ब द्रष्टव्य है–'अरे! वह प्रथम मिलन अज्ञात! / विकंपित उर, पुलकित गात/संशकित ज्योत्स्ना-सी चुपचाप/जड़ित पद, नमित पलक दृग पात।' कंपन, पुलक, शंका, जड़ता आदि अनुभावों को बहुत ही स्वाभाविक ढंग से एक स्थान पर एकत्र कर मिलन को वास्तविक और चामत्कारिक बना दिया है।

छायावादी कवियों में सुमित्रानन्दन पन्त को शब्द-शिल्पी कहा जाता है। इसमें कोई दो मत नहीं कि पन्त ने छायावाद को नयी काव्यभूमि, नयी काव्यभाषा, नये शब्द-प्रयोग तथा एक नया छन्द-विधान प्रदान किया है।

प्रथम रश्मि

प्रथम रश्मि का आना रंगिणि,
तूने कैसे पहचाना?
कहाँ-कहाँ हे बाल-विहंगिनि!
पाया, तूने यह गाना?

सोयी थी तू स्वप्न नीड़ में
पँखों के सुख में छिप कर,
झूम रहे थे, घूम द्वार पर,
प्रहरी- से जुगनू नाना!
शशि किरणों से उतर-उतर कर
भू पर कामरूप नभचर
चूम नवल कलियों का मृदु मुख
सिखा रहे थे मुसकाना!
स्नेहहीन तारों के दीपक,
स्वास-शून्य थे तरु के पात,
विचर रहे थे स्वप्न अवनि में,
तम ने था मण्डप ताना!

कूक उठी सहसा तरु वासिनि,
गा तू स्वागत का गाना
किसने तुमको अन्तर्यामिनि,
बतलाया उसका आना?

निकल सृष्टि के अन्ध गर्भ से
छाया तन बहु छायाहीन
चक्र रच रहे थे खल निशिचर

चला कुहुक, टोना माना
छिपा रही थी मुख शशि बाला
निशि के श्रम से हो श्रीहीन
कमल क्रोड़ में बन्दी था अलि
कोक शोक से दीवाना!
मूर्च्छित थीं इन्द्रियाँ, स्तब्ध जग
जड़ चेतन सब एकाकार
शून्य विश्व के उर में केवल
साँसों का आना-जाना!

तूने ही पहले बहुदर्शिनि,
गाया जागृति का गाना,
श्री सुख सौरभ का नभ-चारिणि,
गूँथ दिया ताना-बाना!

निराकार तुम मानो सहसा
ज्योति-पुंज में हो साकार,
बदल गया द्रुत जागत-जाल में
धर कर नाम रूप नाना!
सिहर उठे पुलकित हो द्रुम दल,
सुप्त समीरण हुआ अधीर,
झलका हास कुसुम अधरों पर
हिल मोती का-सा दाना!
खुले पलक, फैली सुवर्ण छवि,
जगी सुरभि, डोले मधु बाल,
स्पन्दन कम्पन औ' नव जीवन
सीखा जग ने अपनाना;

प्रथम रश्मि का आना रंगिणि,
तूने कैसे पहचाना?
कहाँ - कहाँ हे बाल-विहंगिनि
पाया यह स्वर्गिक गाना?

गीत विहग

मैं नव मानवता का सन्देश सुनाता,
स्वाधीन लोक की गौरव गाथा गाता,
मैं मनःक्षितिज के पार मौन शाश्वत की,
प्रज्वलित भूमिका ज्योतिवाह बन आता!
युग के खण्डहर पर डाल सुनहरी छाया
मैं नव प्रभाव के नभ में उठ, मस्काता
जीवन पतझर में जन-मन की डालों पर
मैं नव मधु के ज्वाला पल्लव सुलगात!
आवेशों से उद्वेलित जन सागर में
नव स्वप्नों के शिखरों का ज्वार उठाता,

जब शिशिर क्रान्त, वन रोदन करता भू
म न
युग पिक बन प्राणों का पावक बरसाता!
मिट्टी के पैरों से भव - क्लान्त जनों को
स्वप्नों के चरणों पर चलना सिखलाता,
तापों की छाया से कलुषित अन्तर को
उन्मुक्त प्रकृति का शोभा वक्ष दिखाता!

जीवन मन के भेदों से सोई मति को
मैं आत्म एकता में अनिमेष जगाता
तम पंगु बहिर्मुख जग में बिखरे मन का
मैं अन्तर सोपानों पर ऊर्ध्व चढ़ाता!
आदर्शों के मरु जल से दग्ध मृगों को
मैं स्वर्गंगा मिल अन्तर्पथ बतलाता
जन-जन को नव मानवता में जाग्रत कर

मैं मुक्त कण्ठ जीवन रण शंख बजाता!
मैं गीत विहग, निज मर्त्य नीड़ से उड़ कर
चेतना गगन में मन के पर फैलाता
मैं अपने अन्तर का प्रकाश बरसा कर
जीवन के तम को स्वर्णिम कर नहलाता!
मैं स्वर्दूतों को बाँध मनोभावों में
जन-जीवन का नित उनको अंग बनाता
मैं मानव प्रेमी, नव भू स्वर्ग बसा कर
जन धरणी पर देवों का विभव लुटाता!

मैं जन्म मरण के द्वारों से बाहर कर
मानव को उसका अमरासन दे जाता,
मैं दिव्य चेतना का सन्देश सुनाता,
स्वाधीन भूमि का नव्य जागरण गाता!

महादेवी वर्मा

24 मार्च 1907 को होली के पर्व पर जन्मी, आधुनिक युग की मीरा कही जाने वाली महादेवी वर्मा का जन्म फ़र्रुख़ाबाद में हुआ। अस्सी वर्षों तक जीवन व्यतीत करने वाली छायावादी कविता की इस प्रतिष्ठित कवयित्री का निधन सन् 1987 ई. को हुआ था। 'नीहार' महादेवी जी का पहला कविता-संग्रह है जिसकी सभी कविताएँ दसवीं कक्षा उत्तीर्ण करने से पहले लिखी गयी थीं। 'नीहार' के उपरान्त इनके 'रश्मि', 'नीरजा', 'सन्ध्यगीत', 'दीपशिखा' तथा 'यामा' शीर्षक से कविता-संग्रह सामने आये। कविता के अतिरिक्त महादेवी अपने संस्मरणों, निबन्धों एवं रेखाचित्रों के लिए भी विशेष रूप से चर्चित रही हैं। इनके निबन्ध-संग्रहों में 'शृंखला की कड़ियाँ', 'क्षणदा' 'संकल्पिता', 'भारतीय संस्कृति के स्वर'; रेखाचित्र एवं संस्मरणों में 'अतीत के चलचित्र', 'स्मृति की रेखाएँ', 'पथ के साथी', 'स्मारिका', 'मेरा परिवार' जैसी पुस्तकें विशेष रूप से उल्लेखनीय हैं। महादेवी जी को 'यामा' पर सन् 1982 ई. को भारतीय ज्ञानपीठ पुरस्कार तथा भारत सरकार द्वारा साहित्य में महत्त्वपूर्ण योगदान के लिए पद्मभूषण का सम्मान दिया गया था। महादेवी वर्मा ने हिन्दी-आलोचना के क्षेत्र में भी दस्तक दी है। 'साहित्यकार की आस्था और अन्य निबन्ध' शीर्षक से इनकी एक आलोचनात्मक पुस्तक भी प्रकाशित हुई है।

महादेवी वर्मा की कविताओं का मूल्यांकन लगभग सभी आलोचकों ने रहस्यवाद के कठघरे में खड़ा करके ही किया है। इसकी शुरुआत आचार्य रामचन्द्र शुक्ल ने अपने 'हिन्दी साहित्य का इतिहास' में यह कह कर की थी कि छायावादी कहे जाने वाले कवियों में महादेवी जी ही रहस्यवाद के भीतर रही हैं। बाद में आगे चल कर उन पर जितना कुछ भी लिखा गया वह आचार्य शुक्ल के इसी वाक्य का एक प्रकार से भाष्य है। डॉ. बच्चन सिंह ने महादेवी जी की कविताओं को एक अलग तरह से समझा और आचार्य रामचन्द्र शुक्ल के उपर्युक्त मत को पूरी तरह से ख़ारिज करते हुए यहाँ तक कह दिया कि वह और चाहे जो कुछ हों, रहस्यवादी नहीं हैं। वह अँधेरे से जूझती हुई निष्कम्प दीपशिखा हैं। प्रिय और प्रियतम शब्द परमात्मा के प्रतीक नहीं हैं। वे उन्हीं के व्यक्तित्व के अंग हैं। उन्हें रहस्यवादी कहने का अभिप्राय है, उनके आत्मसंघर्ष पर, जो समूची नारी जाति का आत्मसंघर्ष है, पर्दा डालना। उनकी कविता को 'शृंखला की कड़ियाँ', 'स्मृति की रेखाएँ' आदि के साथ पढ़ना चाहिए। महादेवी वर्मा में पुष्पोचित कोमलता के साथ पाषाणोचित कठोरता भी है। एक ओर वात्सल्य है तो दूसरी ओर नारीजनोचित दर्प।

विरह का जलजात जीवन, विरह का जलजात!

वेदना में जन्म करुणा में मिला आवास;
अश्रु चुनता दिवस इसका अश्रु गिनती रात!
जीवन विरह का जलजात!

आँसुओं का कोष उर, दृग अश्रु की टकसाल;
तरल जल-कण से बने घन सा क्षणिक मृदुगात।
जीवन विरह का जलजात!

अश्रु से मधुकण लुटाता आ यहाँ मधुमास!
अश्रु ही की हाट बन आती करुण बरसात!
जीवन विरह का जलजात!

काल इसको दे गया पल-आँसुओं का हार;
पूछता इसकी कथा निश्वास ही में बात!
जीवन विरह का जलजात!

जो तुम्हारा हो सके लीलाकमल यह आज,
खिल उठे निरुपम तुम्हारी देख स्मित का प्रात!
जीवन विरह का जलजात!

बीन भी हूँ मैं तुम्हारी रागिनी भी हूँ!

नींद थी मेरी अचल निस्पन्द कण कण में,
प्रथम जागृति थी जगत के प्रथम स्पन्दन में;
प्रलय में मेरा पता पदचिह्न जीवन में;
शाप हूँ जो बन गया वरदान बन्धन में;
कूल भी हूँ कूलहीन प्रवाहिनी भी हूँ!

नयन में जिसके जलद वह तृषित चातक हूँ,
शलभ जिसके प्राण में वह निठुर दीपक हूँ;
फूल को उर में छिपाए विकल बुलबुल हूँ,
एक हो कर दूर तन से छाँह वह चल हूँ;
दूर तुमसे हूँ अखण्ड सुहागिनी भी हूँ!

आग हूँ जिससे ढुलकते बिन्दु हिमजल के,
शून्य हूँ जिसको बिछे हैं पाँवड़े पल के;
पुलक हूँ वह जो पला है कठिन प्रस्तर में,
हूँ वही प्रतिबिम्ब जो आधार के उर में;
नील घन भी हूँ सुनहली दामिनी भी हूँ!

नाश भी हूँ मैं अनन्त विकास का क्रम भी,
त्याग का दिन भी चरम आसक्ति का तम भी;
तार भी आघात भी झंकार की गति भी
पात्र भी मधु भी मधुप भी मधुर विस्मृति भी;
अधर भी हूँ और स्मित की चाँदनी भी हूँ!

रामधारी सिंह 'दिनकर'

'पद्मभूषण' से विभूषित रामधारी सिंह 'दिनकर' का जन्म सन् 1908 तथा निधन सन् 1974 ई. को हुआ। दिनकर बिहार के मुंगेर जिले के सिमरिया घाट गाँव के रहने वाले थे जिन्होंने विद्यार्थी-जीवन में ही असहयोग आन्दोलन में भाग लिया था। परिणामस्वरूप इनकी रचनाओं में राष्ट्रीय भावना देखने को मिलती है। अध्ययन की सुविधा की दृष्टि से 'दिनकर' की रचनाओं को दो भागों में बाँटा जा सकता है। पहले वर्ग में 'रेणुका', 'हुंकार', 'सामधेनी', 'रसवन्ती' और 'द्वन्द्वगीत' को रखा जा सकता है जिनको माखनलाल चतुर्वेदी, बालकृष्ण शर्मा नवीन तथा भगवती चरण वर्मा का परिष्कृत रूप ही कहा जा सकता है। गहराई से देखें तो इन कवियों का प्रभाव 'दिनकर' के आरम्भिक कवि पर साफ़ देखा जा सकता है। दूसरे वर्ग के अन्तर्गत 'यशोधरा', 'कुरुक्षेत्र', 'रश्मि रथी', 'उर्वशी' और 'परशुराम की प्रतीक्षा' को रखा जा सकता है। ये रचनाएँ आवेशमयता से मुक्त एक 'मैच्योर' कवि की रचनाएँ हैं। डॉ. बच्चन सिंह 'दिनकर' के कवि का मूल्यांकन करते हुए लिखते हैं कि दिनकर का 'कुरुक्षेत्र' ही ऐसा काव्य है जो उनका प्रतिनिधित्व करता है। उसकी समस्या और द्वन्द्व एकदम आधुनिक है। 'उर्वशी' की तरह न उसमें वागाडम्बर है और न अलंकृति का अतिरेक। युधिष्ठर का द्वन्द्व आधुनिक मनुष्य का द्वन्द्व है और पुरुरवा का द्वन्द्व मध्यकालीन सामन्त का द्वन्द्व है।

रामधारी सिंह 'दिनकर' को 'संस्कृति के चार अध्याय' पुस्तक पर साहित्य अकादमी तथा 'उर्वशी' पर भारतीय ज्ञानपीठ पुरस्कार भी मिला था। दिनकर राज्य सभा के सदस्य तथा भागलपुर विश्वविद्यालय के उप कुलपति भी रहे थे। भारत सरकार ने 'दिनकर' जी को 'पद्मभूषण' से भी विभूषित किया था।

हिमालय के प्रति

मेरे नगपति! मेरे विशाल!

साकार, दिव्य गौरव विराट!
पौरुष के पुँजीभूत ज्वाल
मेरी जननी के हिम-किरीट
मेरे भारत के दिव्य भाल!
मेरे नगपति! मेरे विशाल!

युग-युग अजेय, निर्बन्ध, मुक्त,
युग-युग गर्वोन्नत, नित महान,
निस्सीम व्योम में तान रहे,
युग से किस महिमा का वितान?
कैसी अखण्ड यह चिर-समाधि?
यतिवर! कैसा यह अमर ध्यान?
तू महाशून्य में खोज रहा
किस जटिल समस्या का निदान?
उलझन का कैसा विषम जाल!
मेरे नगपति! मेरे विशाल!

ओ, मौन तपस्या-लीन यती!
पल-भर को तो कर दृगोन्मेष!
रे ज्वालाओं से दग्ध, विकल
है तड़प रहा पद पर स्वदेश!
सुखसिन्धु, पंचनद, ब्रह्मपुत्र,
गंगा, यमुना की अमिय-धार
जिस पुण्यभूमि की ओर बही
तेरी विगलित करुणा उदार!

सिंहासन ख़ाली करो कि जनता आती है

सदियों की ठण्डी-बुझी राख सुगबुगी उठी,
मिट्टी सोने का ताज पहन इठलाती है;
दो राह, समय के रथ का घर्घर-नाद सुनो,
सिंहासन ख़ाली करो कि जनता आती है।

जनता? हाँ, मिट्टी की अबोध मूरतें, वही,
जाड़े-पाले की कसक सदा सहने वाली,
जब अंग-अंग में लगे साँप हों चूस रहे,
तब भी न कभी मुँह खोल दर्द कहने वाली।

जनता? हाँ लम्बी-बड़ी जीभ की वही क़सम,
''जनता, सचमुच ही बड़ी वेदना सहती है।''
''सो ठीक, मगर, आख़िर इस पर जनमत क्या है?''
''है प्रश्न गूढ़, जनता इस पर क्या कहती है?''

मानो जनता हो फूल जिसे एहसास नहीं,
जब चाहो तभी उतार सज़ा लो दोनों में;
अथवा कोई दुधमुँही जिसे बहलाने के
जन्तर-मन्तर सीमित हों चार खिलौनों में।

लेकिन, होता भूडोल, बवण्डर उठते हैं,
जनता जब कोपाकुल हो भृकुटि चढ़ाती है;
दो राह, समय के रथ का घर्घर नाद सुनो,
सिंहासन ख़ाली करो कि जनता आती है।

हुंकारों से महलों की नींव उखड़ जाती।
साँसों के बल से ताज हवा में उड़ता है;
जनता की रोके राह, समय में ताब कहाँ?
वह जिधर चाहती काल उधर को मुड़ता है।

अब्दों, शताब्दियों, सहस्राब्द का अन्धकार
वीता, गवाक्ष अम्बर के दहके जाते हैं,
यह और नहीं कोई, जनता के स्वप्न अजय
चीरते तिमिर का वक्ष उमड़ते आते हैं।
सबसे विराट जनतन्त्र जगत का आ पहुँचा,
तैन्तीस कोटि-हित सिंहासन तैयार करो;
अभिषेक आज राजा का नहीं, प्रजा का है,
तैन्तीस कोटि जनता के सिर पर मुकुट धरो।

आरती लिये तू किसे ढूँढता है मूरख
मदिरों, राजप्रासादों में, तहख़ानों में?
देवता यहीं सड़कों पर मिट्टी तोड़ रहे,
देवता मिलेंगे खेतों में, खलिहानों में।
फावड़े और हल राजदण्ड बनने को हैं,
धूसरता सोने से शृंगार सजाती है;
दो राह, समय के रथ का घर्घर-नाद सुनो,
सिंहासन ख़ाली करो कि जनता आती है।

सच्चिदानन्द हीरानन्द वात्स्यायन 'अज्ञेय'

व्यक्ति स्वातन्त्र्य के पक्षधर, प्रगतिवाद-विरोधी, नयी कविता के उन्नायक बहुमुखी प्रतिभा सम्पन्न रचनाकार 'अज्ञेय' का जन्म 7 मार्च 1911 को उत्तर प्रदेश के देवरिया ज़िले के कसया नामक स्थान पर एक खुदाई शिविर में तथा निधन 14 अप्रैल 1987 को दिल्ली में हुआ। इनके पिता श्री हीरानन्द शास्त्री पुरातत्त्वविद थे इसीलिएं इनका अधिकतर समय कश्मीर, लखनऊ, मद्रास तथा बिहार में गुज़रा। इनकी शिक्षा मद्रास तथा लाहौर में हुई और लाहौर में ही इनका क्रान्तिकारी जीवन प्रारम्भ हुआ। हिन्दुस्तान सोशलिस्ट रिपब्लिकन पार्टी के सक्रिय सदस्य बन जाने पर इनका परिचय चन्द्रशेखर आज़ाद, सरदार भगत सिंह, राजगुरु, भंगवतीचरण बोहरा आदि से हुआ। इन्हीं क्रान्तिकारियों के सम्पर्क में आ कर 'अज्ञेय' ने बम बनाने का कार्य सीखा और 'सांइटिस्ट' के नाम से प्रसिद्ध हो गये। 15 नवम्बर 1930 को अमृतसर में बम बनाने की फैक्ट्री स्थापित करने के लिए 'अज्ञेय' मुहम्मद बख़्श के नाम से पकड़े गये। इसके लिए पहले लाहौर और बाद में साढ़े तीन वर्ष तक दिल्ली जेल में बन्द रहे। जिस विदेशी सरकार का तख़्ता पलटने के लिए बम बनाते रहे एक दिन उसी की सेना में एक बड़े अफ़सर के रूप में द्वितीय विश्वयुद्ध में भाग लिया। सेना से सेवानिवृत्त हो कर 'अज्ञेय' ने प्राध्यापन और पत्रकारिता को भी आजीविका कमाने का साधन अपनाया किन्तु स्वतन्त्र लेखन निरन्तर करते रहे। 'अज्ञेय' ने पहली कहानी 1914 ई. को तथा पहली कविता सन् 1927 को लिखी थी, इनके द्वारा रचित साहित्य का विवरण निम्नवत है–

(क) **कविता संग्रह :** भग्नदूत (1933), चिन्ता (1942), इत्यलम (1946), हरी घास पर क्षण भर (1949), बावरा अहेरी (1954), इन्द्रधनु रौंदे हुए ये (1957), अरी ओ करुणा प्रभामय (1959), आँगन के पार द्वार (1961), सुनहले शैवाल (1965), कितनी नावों में कितनी बार (1967), क्योंकि मैं उसे जानता हूँ (1969), महावृक्ष के नीचे (1977), नदी की बाँक पर छाया (1982), ऐसा कोई घर आपने देखा है। (1986)।

(ख) **कहानी-संग्रह :** विपथगा (1937), परम्परा (1944), शरणार्थी (1948), जयदोल (1951), कोठरी की बात (1954), ये तेरे प्रतिरूप (1969)।

(ग) **उपन्यास :** शेखर एक जीवनी-भाग एक (1941), शेखर एक जीवनी-भाग दो (1944), नदी के द्वीप (1952), अपने-अपने-अजनबी (1961), शेखर एक जीवनी का तीसरा भाग अप्रकाशित।

(घ) **निबन्ध :** त्रिशंकु (1954), सबरंग (1946), आत्मनेपद (1960), हिन्दी साहित्यः आधुनिक परिदृश्य (1967), सबरंग और कुछ राग (1969), आलवाल (1971), लिखि कागद कोरे (1972), जोग लिखी (1977), अद्यतन (1978), स्रोत और सेतु (1978), संवत्सर (1978), व्यक्ति और व्यवस्था (1979), अपरोक्ष (1979), युग सन्धियों पर (1981), चार और किनारे (1982), स्मृति लेखा (1982), कहाँ है द्वारका (1982), छाया का जंगल (1985), आत्मपरक (1985), केन्द्र और परिधि (1985)।

(ङ) **नाटक :** उत्तर प्रियदर्शी (1967)।

(च) **यात्रा :** अरे यायावर रहेगा याद (1953), एक बूँद सहसा उछली (1960)।

(छ) **डायरी :** भवन्ती (1972), अन्तरा (1975), शाश्वती (1979)।

(ज) **सम्पादन :** तार सप्तक (1943), दूसरा सप्तक (1951), तीसरा सप्तक (1959), चौथा सप्तक (1978), नेहरू अभिनन्दन ग्रन्थ (1999), हिन्दी की प्रतिनिधि कहानियाँ (1952)।

(झ) **पत्र-पत्रिकाओं का सम्पादन :** आनन्द बन्धु, सैनिक, विशाल भारत, प्रतीक, नया प्रतीक, दिनमान, नवभारत टाइम्स आदि।

'अज्ञेय' वास्तव में एक चिन्तक कवि हैं। कविता के सम्बन्ध में उनकी निजी मान्यताएँ रही हैं। उनकी कविताएँ अभिव्यक्ति, सम्प्रेषण और साधारणीकरण की समस्याएँ भी उठाती हैं। 'अज्ञेय' के रचनाकार ने पाश्चात्य चिन्तकों से भी प्रभाव ग्रहण किया है। बौद्ध-चिन्तन के प्रति आस्था भी उनमें है। 'अज्ञेय' आत्मचेतस, आत्मनिष्ठ, अपनी सोच, समझ और तकनीक में आधुनिक हैं। 'असाध्य वीणा', 'सागरमुद्रा' जैसी महत्त्वपूर्ण कविताएँ हिन्दी-कविता की उपलब्धि कही जा सकती हैं।

नदी के द्वीप

हम नदी के द्वीप हैं
हम नहीं कहते कि हमको छोड़ कर स्रोतस्विनी बह जाय।
वह हमें आकार देती है।
हमारे कोण, गलियाँ, अन्तरीप, उभार, सैकत कूल,
सब गोलाइयाँ उसकी गढ़ी हैं।

माँ है वह। है, इसी से हम बने हैं।

किन्तु हम हैं द्वीप।
हम धारा नहीं हैं।
स्थिर समर्पण है हमारा। हम सदा से द्वीप हैं स्रोतस्विनी के
किन्तु हम बहते नहीं हैं। क्योंकि बहना रेत होना है।
हम बहेंगे तो रहेंगे ही नहीं।
पैर उखड़ेंगे। प्लवन होगा। ढहेंगे। सहेंगे। बह जायेंगे।
और फिर हम चूर्ण हो कर भी कभी क्या धार बन सकते?
रेत बन कर हम सलिल को तनिक गँदला ही करेंगे।
अनुपयोगी ही बनायेंगे।

द्वीप हैं हम।
यह नहीं है शाप। यह अपनी नियति है।
हम नदी के पुत्र हैं। बैठे नदी के क्रोड़ में।
वह बृहद भूखण्ड से हमको मिलाती है।
और वह भूखण्ड अपना पितर है।

नदी, तुम बहती चलो।
भूखण्ड से जो दाय हमको मिला है, मिलता रहा है,

माँजती, संस्कार देती चलोः
यदि ऐसा कभी हो
तुम्हारे आह्लाद से या दूसरों के किसी स्वैराचार से—
अतिचार से—
तुम बढ़ो, प्लावन तुम्हारा घरघराता उठे,
यह स्रोतस्विनी ही कर्मनाशा कीर्तिनाशा घोर काल-प्रवाहिनी बन जाये।
तो हमें स्वीकार है वह भी। उसी में रेत हो कर
फिर छनेंगे हम। जमेंगे हम। कहीं फिर पैर टेकेंगे।
कहीं फिर भी खड़ा होगा नये व्यक्तित्व का आकार।
मातः, उसे फिर संस्कार तुम देना।

मैं वह धनु हूँ

मै वह धनु हूँ, जिसे साधने में प्रत्यंचा टूट गयी है
स्खलित हुआ है बाण, यद्यपि ध्वनि दिग्दिगन्त में फूट गयी है—
प्रलय स्वर है वह, या है बस मेरी लज्जाजनक पराजय
या कि सफलता! कौन कहेगा क्या उसमें है विधि का आशय!
क्या मेरे कर्मों का संचय मुझको चिन्ता छूट गयी है—
मैं बस जानूँ, मैं धनु हूँ, जिसकी प्रत्यंचा टूट गयी है!

गजानन माधव मुक्तिबोध

समयकालीन हिन्दी-साहित्य के सर्वाधिक चर्चित, महत्त्वपूर्ण, विवादास्पद कवि, कथाकार एवं आलोचक गजानन माधव मुक्तिबोध का जन्म 13 नवम्बर 1917 को तथा निधन 11 सितम्बर 1964 को हुआ था। इनकी आरम्भिक शिक्षा उज्जैन, विदिशा आदि स्थानों पर हुई थी। मुक्तिबोध के घर का परिवेश द्विभाषिक था। पितृपक्ष से मराठी तथा मातृपक्ष से हिन्दी। मुक्तिबोध की माँ हिन्दी भाषी क्षेत्र ईसागढ़, बुन्देलखण्ड से थीं। सन् 1939 में इन्होंने शान्ता के साथ प्रेम-विवाह किया। इसी वर्ष इनके पिता जो सब इन्स्पेक्टर अर्थात् कोतवाल थे अवकाश प्राप्त करने के उपरान्त नौकरी से मुक्त हो कर घर लौट आये। उसके बाद घर का पूरा दायित्व मुक्तिबोध पर आ गया। बीस वर्ष की उम्र से ही मुक्तिबोध ने अध्यापन कार्य आरम्भ कर दिया था। उसके बाद उज्जैन, कलकत्ता, बम्बई, बंगलौर, जबलपुर, काशी आदि विभिन्न स्थानों पर कभी अध्यापन तो कभी पत्रकारिता आदि से सम्बद्ध नौकरियाँ की। सन् 1958 को राजनादगाँव के दिग्विजय मद्यविद्यालय में प्राध्यापक पद पर नियुक्त हुए। यहाँ तक पहुँचते-पहुँचते इन्हें अर्थाभाव का सामना करना पड़ा। सन् 1956 में मुक्तिबोध ने 'नया ख़ून' नामक समाचार पत्र में भी कार्य किया। सन् 1962 में इनकी 'भारतः इतिहास और संस्कृति' शीर्षक पुस्तक को जो पाठ्य पुस्तक थी, मध्यप्रदेश की कांग्रेस सरकार ने प्रतिबंधित घोषित कर दिया। इस घटना से मुक्तिबोध बहुत परेशान रहे। पहले पक्षाघात और बाद में टयूबरक्लोसिस मैनिनजाइटिस (जिसे दिमाग़ी बुखार भी कहते हैं) की बीमारी की वजह से इनका दिल्ली स्थित 'एम्स' अस्पताल में निधन हो गया। इनका पहला कविता संग्रह 'चाँद का मुँह टेढ़ा है' भी मरणोंपरान्त ही छप सका।

जीवन पर्यन्त विभिन्न समस्याओं, उलझनों और तनावों को झेलने वाले इस कवि की 'चाँद का मुँह टेढ़ा है' तथा 'भूरी-भूरी ख़ाक धूल' जैसी पुस्तकों में संकलित कविताओं के बीच में से गुज़रें तो ज्ञात होता है कि मुक्तिबोध ने एक ही कविता लिखी है जो अधूरी है और जो पूरी से बेहतर है। यह कवि सैंतालीस वर्षों तक एक ही कविता लिखता रहा, आत्मान्वेषण करता रहा, परम अभिव्यक्ति की खोज करता रहा, जो कभी पूरी नहीं हो सकी। इस कवि के सामने एक ही समस्या थी। समस्या एक/मेरे सभ्य नगरों और ग्रामों में/सभी मानव/सुखी, सुन्दर व शोषणमुक्त कब होंगे?

कि मैं अपनी अधूरी दीर्घ कविता में/उमगकर/जन्म लेना चाहता फिर से।

मुक्तिबोध की सन् 1965 में 'चाँद का मुँह टेढ़ा है' तथा सन् 1980 में 'भूरी-भूरी ख़ाक धूल' जैसी कविता-पुस्तकों के अतिरिक्त 'एक साहित्यिक की डायरी, 'कामायनीः एक पुनर्विचार', 'नयी कविता का आत्म संघर्ष', 'नए साहित्य का सौन्दर्य शास्त्र', 'विपात्र' शीर्षक से एक उपन्यास, 'काठ का सपना' तथा 'सतह से उठता आदमी' शीर्षक से दो कहानी संग्रह भी प्रकाशित हुए हैं।

अपने ही

दे...जो अपने ही
काव्य और छन्द के
बन्दी हैं,
उनकी निगाहें तो अन्धी हैं अपनी ही लौ से
छोटे से दीवट में रखे हुए
दीपक के संक्षिप्त
उजाले के कारण ही।
दीये की लौ वह
दिखालाया करती है
भीतर की दीवालों का विद्रूप प्रदर्शन।
अपने ही आँगन के
अपने ही दीये के
मद्धिम प्रकाश में
दीखती हैं दरिद्र विद्रूप
साँवली बदरंग
ज़िन्दगी की सूरतें
अपने ही भीतर की लौ के उजाले में
दीखती हैं बौनी ऊँचाइयाँ।
अपने सत्य की गोद में न बन्द हो।
कई ऐसे सत्य हैं (और, वे अनन्त हैं)
ज़िन्दगी के पहलू
जो हैं, जो बनते हैं, बढ़ते ही रहे हैं
उनके असंख्य रूप छन्द में अनगिनत
चित्र हैं भिन्न-भिन्न।
काल के सिन्धु-शैल कूल पर खड़े हुए
एक विश्व पुरुष ने,

दुनिया के साथी ने एक जगह कहा है–
जीवन अनन्त है
प्रतिपल सृजनशील उसका अनन्त वक्ष
अनन्त सम्पन्न है!!

भाँति बीज की

भाँति बीज की
कष्टों की गहरी-गहरी
अँधियाली मिट्टी की गीली-गीली परतों
में डूबो, डूबो, गड़ो और गल जाओ।
बनो धरा-प्रियपात्र...
अँधेरे में गहराई में झरते
मीठी लघुधारा के जीवन-वश करते
गीले अधरों को पियो, पियो, बल पाओ
उस तिमिर-कठिन मृत्तिका-लोक की ठण्डी
सिहरन की लम्बी-लम्बी लहरें,
तन-मन के अस्तित्व-लोक में काँपें
वे धुले प्राण में, तुम, उसमें मिल जाओ।
फिर, उठो हरित अँकुर-से
धरती की वेदना-गहनता के प्रतिनिधि
तुम बन निकलो यों जड़ीभूत परतों में से
(तुम हो निरवधि)
बन चलो सृजन-गम्भीर वृक्ष
कष्टानुभवी सत्यों से तुम अपना सारा बल पाओ।

रघुवीर सहाय

स्वातन्त्र्योत्तर हिन्दी-कविता के केन्द्रीय कवि रघुवीर सहाय का जन्म सन् 1929 में तथा निधन सन् 1990 में हुआ। अंग्रेज़ी साहित्य में एम.ए. करने के उपरान्त रघुवीर सहाय ने पत्रकारिता की राह चुनी। कुछ समय तक 'अज्ञेय' के साथ 'प्रतीक' से सम्बद्ध रहे, उसके बाद हैदराबाद से निकलने वाली प्रसिद्ध पत्रिका 'कल्पना' के सम्पादन मण्डल में शामिल हो गए। कुछ समय तक 'नवभारत टाइम्स' के विशेष संवाददाता तथा 'दिनमान' के कार्यकारी सम्पादक भी रहे। रघुवीर सहाय की 'आजकल' पत्रिका के अगस्त 1947 के अंक में 'आदिम संगीत' शीर्षक से पहली बार कविता प्रकाशित हुई थी। 'दूसरा सप्तक' के 'वक्तव्य' में रघुवीर सहाय की स्वीकारोक्ति है– 'मैंने 1947 में एक बार 'बच्चन' की कविताएँ पढ़ी और उनकी वेदना से मेरा कण्ठ फूटा। तभी से लिखना आरम्भ किया। कुछ समय बाद माथुर के कुछ सफल और असफल रंगों ने मुझे अपनी थोड़ी-बहुत सामर्थ्य का बोध कराया और मैंने अपनी कला के प्रति सजग हो कर लिखने की कोशिश की।' यह रघुवीर सहाय के कवि की सजगता का ही परिणाम है कि 'दूसरा सप्तक' में प्रकाशित कविताओं के उपरान्त इनके 'सीढ़ियों पर धूप में', 'आत्महत्या के विरुद्ध', 'हँसो हँसो जल्दी हँसो', 'लोग भूल गए हैं', 'कुछ पते कुछ चिट्ठियाँ' तथा मरणोपरान्त सन् 1985 में अन्तिम कविता संग्रह 'एक समय था' जैसी महत्त्वपूर्ण कविता-पुस्तकें सामने आयीं हैं।

रघुवीर सहाय का काव्य-संसार मामूली, उपेक्षित और अभावग्रस्त ज़िन्दगी का संसार है। वह इस देश में रहने वाले उस मनुष्य का संसार है जो मनुष्य से एक दर्जा नीचे रहने का दर्द झेल रहा है। इस तकलीफ़ को रघुवीर सहाय के कवि ने बड़ी आत्मीयता से महसूस किया है। गहराई से देखें तो रघुवीर सहाय भीड़, संसद, मतदान, चुनाव, नारे, जुलूस, सड़क, बाज़ार आदि की बात करते हुए अपनी कविता को एक सामाजिक सन्दर्भ में रखते हैं। उनकी कविता के बीच से गुज़रना एक भीड़ भरे बाज़ार से गुज़रना है। रघुवीर सहाय की कविता की अपनी अलग ज़मीन है। उनकी कविताएँ हमें अपनी ही दुनिया के और निकट लाती हैं। निराला की कविता के 'मैकू' और 'झींगुर' जैसे लोग रघुवीर सहाय की कविता में 'हरिचरना' और 'रामदास' के रूप में बार-बार आते हैं। सीधी-सादी दिखने वाली कविता की भाषा में असाधारण अर्थ भर देना रघुवीर सहाय के कवि की विशेषता रही है।

रामदास

चौड़ी सड़क गली पतली थी
दिन का समय घनी बदली थी
रामदास उस दिन उदास था
अन्त समय आ गया पास था
उसे बता यह दिया गया था उसकी हत्या होगी।

धीरे-धीरे चला अकेले
सोचा साथ किसी को ले ले
फिर रह गया, सड़क पर सब थे
सभी मौन थे सभी निहत्थे
सभी जानते थे यह उस दिन उसकी हत्या होगी।

खड़ा हुआ वह बीच सड़क पर
दोनों हाथ पेट पर रख कर
सधे क़दम रख करके आये
लोग सिमट कर आँख गड़ाये
लगे देखने उसको जिसकी तय था हत्या होगी।

निकल गली से तब हत्यारा
आया उसने नाम पुकारा
हाथ तौल कर चाकू मारा
छूटा लोहू का फ़व्वारा
कहा नहीं था उसने आख़िर उसकी हत्या होगी।

भीड़ देख कर लौट गया वह
मरा पड़ा है रामदास यह
देखो-देखो बार-बार कह
लोग निडर उस जगह खड़े रह
लगे बुलाने उन्हें जिन्हें संशय था हत्या होगी।

(हँसो हँसो जल्दी हँसो)

मेरा घर

मेरी कविता में माँ
मेरी कविता में बीवी-बच्चे
मेरी कविता में गौरैया बसन्त की
धूप और पानी के संस्मरण
सब वहीं रह गए
और मैं चल दिया
इनकी स्मृतियाँ रह गईं
वहीं मेरे घर

जाओ जिसे यात्रा में दो दिन
पड़ाव हो
या तो माँ मिलेगी
या उसकी याद में
धूप में खिला फूल
मेरे घर रह जाना।

(लोग भूल गए हैं)

सर्वेश्वरदयाल सक्सेना

'अज्ञेय' द्वारा सम्पादित 'तीसरा सप्तक' के माध्यम से अपनी पहचान बनाने वाले बहुमुखी प्रतिभा सम्पन्न सर्वेश्वरदयाल सक्सेना का जन्म 15 सितम्बर 1927 को उत्तर प्रदेश के बस्ती में तथा निधन 23 सितम्बर 1983 को हुआ था। सर्वेश्वरदयाल सक्सेना मुख्य रूप से पत्रकारिता से सम्बद्ध रहे। बाल-पत्रिका 'पराग' का लम्बे समय तक सम्पादन किया। स्कूल मास्टरी, क्लर्की और आकाशवाणी की नौकरी के अतिरिक्त सक्सेना जी 'दिनमान' के सम्पादकीय विभाग से भी सम्बद्ध रहे। सर्वेश्वरदयाल सक्सेना ने साहित्य की विभिन्न विधाओं-कविता, कहानी, उपन्यास, नाटक, बाल-साहित्य तथा निबन्ध आदि में अपनी महत्त्वपूर्ण उपस्थिति दर्ज की है। इनके सम्पूर्ण रचना-कर्म में 'काठ की घण्टियाँ', 'बाँस का पुल', 'एक सूनी नाव', 'गर्म हवाएँ', 'कुआनो नदी', 'जंगल का दर्द', 'खूँटियों पर टँगे लोग', 'कोई मेरे साथ चले' जैसे कविता-संग्रह, 'कच्ची सड़क', 'अँधेरे पर अँधेरा' तथा 'लड़ाई' जैसे तीन कहानी संग्रह, 'सूने चौखटे', 'सोया हुआ जल', 'पागल कुत्तों का मसीहा' जैसे उपन्यास, 'बकरी', 'अब ग़रीबी हटाओ', 'कल फिर भात आएगा', 'राजा बाज बहादुर और रानी रूपमती' जैसे नाटक तथा 'लाख की नाक', 'भौं भौं, खौं खौं', 'बतूता का जूता' आदि बाल रचनाएँ आती हैं। 'खूँटियों पर टँगे लोग' कविता संग्रह पर सर्वेश्वरदयाल सक्सेना को साहित्य अकादमी पुरस्कार भी प्रदान किया गया था।

साठोत्तरी हिन्दी-कविता वैसे तो सामाजिक-राजनीतिक हलचलों से सीधे प्रभावित रही है किन्तु उसकी सबसे बड़ी विशेषता ग्रामोन्मुखता है। इस सन्दर्भ में सूर्यकान्त त्रिपाठी 'निराला', नागार्जुन, केदारनाथ अग्रवाल, सर्वेश्वरदयाल सक्सेना, धूमिल, लीलाधर जगूड़ी, केदारनाथ सिहं, मंगलेश डबराल, मानबहादुर सिंह की कविताओं को देखा जा सकता है। सर्वेश्वर का बाल्यकाल गाँव में बीता है। गाँव की निर्धनता, गाँव के अभाव और संघर्ष का उनके जीवन पर सीधा असर पड़ा है। गाँव के जीवन के प्रति लगाव ही उनको ग्रामीण संस्कृति का कवि बना देता है। फिर चाहे 'सुहागिन का गीत' हो अथवा 'नये साल पर' लिखी कविता हो, 'भुजैनिया का पोखरा', 'गाँव की शाम का सफ़र', या फिर 'बाँसगाँव' जैसी कविताएँ हों—ग्राम्यचेतना हर जगह विद्यमान है। संक्षेप में कहें तो हम कह सकते हैं कि सर्वेश्वर का कवि छायावादी संवेदना की रोमैण्टिक प्रवृत्तियों तथा अस्तित्ववादी दर्शन से प्रभावित अवश्य रहा है किन्तु प्रेम और सौन्दर्य के साथ-साथ कवि की सामाजिक प्रतिबद्धता, सामाजिक-राजनीतिक जागरूकता, व्यवस्था विरोध तथा ग्रामीण रागात्मक बोध को भी नजरंदाज नहीं किया जा सकता।

फसल

हल की तरह
कुदाल की तरह
या खुरपी की तरह
पकड़ भी लूँ कलम को
तो भी फसल काटने को
मिलेगी नहीं हमको।

हम तो ज़मीन ही तैयार कर पायेंगे
क्रान्तिबीज बोने कुछ बिरले ही आयेंगे।
हरा-भरा वही करेंगे मेरे श्रम को
सिलसिला मिलेगा आगे मेरे क्रम को।

कल जब फसल उगेगी लहलाहायेगी
मेरे न रहने पर भी हवा से इठलायेगी
तब मेरी आत्मा सुनहरी धूप बन बरसेगी
जिन्होंने बीज बोया था उन्ही के चरन परसेगी।

काँटेंगे उसे जो, फिर वही उसे बोयेंगे
हम तो कहीं धरती के नीचे दबे सोयेंगे।

कोट

खूँटी पर कोट की तरह
एक अरसे से मैं टँगा हूँ
कहाँ चला गया
मुझे पहन कर सार्थक करने वाला?

धूल पर धूल
इस क़दर जमती जा रही है
कि अब मैं ख़ुद
अपना रंग भूल गया हूँ।

लटकी हैं बाँहें
और सिकुड़ी है छाती
उनसे जुड़ा एक ताप
एक सम्पूर्ण तन होने का अहसास
मेरी रगों में अब नहीं है।

खुली खिड़की से देखता रहता हूँ मैं
बाहर एक पेड़
रंग बदलता
चिड़ियों से झनझनाता
और हवा में झूमताः
मैं भी हिलता हूँ
बस हिलता हूँ
दीवार से रगड़ खाते रहने के लिए।

एक अरसा हुआ
हाँ, एक लम्बा अरसा
जब उसने चुपचाप दरवाज़ा बन्द किया
और बिना मेरी ओर देखे, कुछ बोले
बाहर भारी क़दम रखता चला गया—

'अब तुम मुक्त हो
अकेले कमरे में मुक्त
किसी की शोभा या रक्षा
बनने से मुक्त
सर्दी, गर्मी, बरसात, बर्फ़,
झेलने से मुक्त

दूसरे के लिए की जाने वाली
हर यात्रा से मुक्त
अपनी जेब और अपनी बटन के
अपने कालर और अपनी आस्तीन के
आप मालिक
अब तुम मुक्त हो, आज़ाद–
पूरी तरह आज़ाद–अपने लिये।'

खूँटी पर एक अरसे से टँगा
कमरे की ख़ामोशी का यह गीत
मैं हर लम्हा सुनता हूँ
और एक ऐसी क़ैद का अनुभव
करते-करते संज्ञाहीन होता जा रहा हूँ
जो सलीब अपनी कीलों से लिखती है।

मुझे यह मुक्ति नहीं चाहिये।
अपने लिए आज़ाद हो जाने से बेहतर है
अपनों के लिए गुलाम बने रहना।
मुझे एक सीना चाहिए
दो सुडौल बाँहें
जिनसे अपने सीने और बाँहों को जोड़ कर
मैं सार्थक हो सकूँ
बार निकल सकूँ
अपनी और उसकी इच्छा को एक कर सकूँ
एक ही लड़ाई लड़ सकूँ
और पैबन्द और थिगलियों को अंगीकार करता
एक दिन जर्जर हो कर
समाप्त हो सकूँ।
उसकी हर चोट मेरी हो
उसका हर घाव पहले मैं झेलूँ
उसका हर संघर्ष मेरा हो
मैं उसके लिए होऊँ
इतना ही मेरा होना हो।

खूँटी पर एक अरसे से टँगे-टँगे
मैं कोट से
अपना क़फ़न बनता जा रहा हूँ।

कहाँ हैं काली आँधियाँ?
सब कुछ तहस-नहस कर देने वाले
भूकम्प कहाँ हैं?
मैं इस दीवार, इस खूँटी से
मुक्त होना चाहता हूँ
और तेज़ आँधियों में उड़ता हुआ
अपनी बाँहें उठाये
सीना चौड़ा किये
उसे खोजना चाहता हूँ—
जो चुपचाप दरवाज़ा बन्द कर
बिना मेरी ओर देखे और कुछ बोले
बाहर भारी क़दम रखता हुआ चला गया।

मैं जानता हूँ
उसे कोई बुला रहा था।
उसे कुछ और चाहिये था।
उसे एक बड़ी आँधी और भूकम्प
लाने वाली ताक़तों की खोज करनी थी।
उसे यहाँ से जाना ही था।
लेकिन कहाँ?
मैं उसके साथ जाना चाहता था।
एक अरसे से खूँटी पर टँगे-टँगे
मैं भी
एक काली आँधी
एक बड़े भूकम्प की ज़रूरत
महसूस करने लगा हूँ।

क्या वह भी
मेरी तरह
किसी खूँटी पर टँगे-टँगे थक गया था?
कोट था?

(खूँटियों पर टँगे लोग)

सुदामा पाण्डे धूमिल

साठोत्तरी हिन्दी-कविता में धूमिल पहला और अकेला ऐसा कवि है जो लोक वेदना को अपनी कविता का विषय बना कर, अपनी कविता के द्वारा बार-बार लोक चेतना का आह्वान करते हुए दूसरे प्रजातन्त्र की स्थापना के लिए प्रयत्न करता रहा किन्तु उसकी यह साध पूरी न हो सकी। इस कवि का जन्म 9 नवम्बर 1936 को वाराणसी के समीप खेवली नामक गाँव में तथा निधन 10 फरवरी 1975 को ब्रेन ट्यूमर की बीमारी के कारण मात्र उनतालीस वर्ष की उम्र में हो गया। इन उनतालीस वर्षों में 'संसद से सड़क तक', 'कल सुनना मुझे' तथा 'सुदामा पाण्डे का प्रजातन्त्र' नामक तीन पुस्तकों को माध्यम से एक सौ बाईस कविताओं का सृजन किया जिनमें 'पटकथा', 'मोचीराम', 'लोहसांय', 'कुत्ता', 'मुनासिब कार्रवाई' और 'भाषा की रात' जैसी महत्त्वपूर्ण कविताएँ शामिल हैं। धूमिल के जीवनकाल में 'संसद से संड़क तक' कविता-पुस्तक ही सन् 1972 में प्रकाशित हो पायी थी। 'कल सुनना मुझे' तथा 'सुदामा पाण्डे का प्रजातन्त्र' नामक कविता संग्रह सरणोपरान्त प्रकाशित हुए हैं। अतः इन पुस्तकों के शीर्षक भी कवि द्वारा नहीं दिये गये। बारह वर्ष की उम्र में पिता की मृत्यु के उपरान्त सुदामा पाण्डे हाई स्कूल से आगे नहीं पढ़ पाये। रोज़ी-रोटी की तलाश में पहले तो कलकत्ता में लोहा ढोने का काम किया उसके बाद एक लकड़ी बेचने वाली कम्पनी में सुपरवाइजिरी की। कम्पनी की नौकरी छोड़ कर सन् 1958 में वाराणसी के आई.टी.आई. से विद्युत-डिप्लोमा पास करके 12 जुलाई 1958 को उसी संस्थान में इन्स्ट्रक्टर के पद पर नियुक्त हो गये। सन् 1979 को मरणोपरान्त साहित्य अकादमी पुरस्कार भी दिया गया।

धूमिल की कविता की ऊर्जा और भाषिक नवोन्मेष देख कर डॉ. बच्चन सिंह को निराला की याद आ जाती है। वह लिखते हैं कि धूमिल का उदय धूमकेतु की तरह होता है जिसमें अग्नि भी है, धुआँ भी। धुआँ आधुनिकता है और अग्नि प्रगतिशील चेतना। धूमिल वास्तव में देश और जनता की भीतरी तकलीफ़ को समझने वाला कवि है। वह हिंसा मात्र का नहीं जनपक्षधर हिंसा का समर्थक था। धूमिल की शक्ति का मूल उत्स गंवई अनुभव और किसानी संस्कार है। साठोत्तरी कवियों में धूमिल पहला ऐसा कवि है जो कविता को गुर्रानेवाली, चेतावनी देने वाली जागती आवाज़ मानते हुए

उसे जोखिम कहता है। सामाजिक दायित्व और राजनीतिक समझ के इस कवि ने स्पष्ट शब्दों में स्वीकार किया है कि बिना राजनीतिक समझदारी के आज का लेखन सम्भव नहीं। वह मानता था कि कविता सबसे पहले एक सार्थक वक्तव्य होती है। उसका यह भी मानना था कि कविता भाषा में आदमी होने की तमीज़ है। संक्षेप में कहें तो धूमिल मात्र अनुभूति का नहीं, विचार का कवि है। उसके यहाँ अनुभूतिपरकता और विचारशीलता, अहसास और समझ एक दूसरे से घुले-मिले हैं और उसकी कविता केवल भावात्मक स्तर पर नहीं अपितु बौद्धिक स्तर पर भी सक्रिय होती है।

मैं हूँ

मुझे लिखो, मैं कटी हुई अँगुलियाँ हूँ
जिसे भूख ने खा लिया है।
मैं हूँ अथाह रुदन, अन्धकार के आर-पार
जिसे एक टूटे हुए हृदय ने
ख़ुद को जोड़ने के लिए गा दिया है।

और तुम कहते हो कवि एक सुन्दर बग़ीचा है
जिससे अपने लिये तुम एक शब्द-फूल
तोड़ सकते हो। तोड़ो,
मगर मत भूलो कि इस बग़ीचे को
एक आदमी ने अपने ख़ून से सींचा है

एक बग़ीचा है जिसकी चार दीवारी के पीछे
कुछ भूखे बच्चे आँख मिचौनी खेल रहे हैं।
मत भूलो
कि कवि एक क़ुनबे का अगुआ है
जिसके सदस्य
आज़ादी को आक्रमण की तरह झेल रहे हैं।

कवि एक मज़बूत बंकर है
जहाँ ख़ाली वक़्त में
तुम अपने जूते उतार सकते हो
बन्दूक टेक सकते हो
मगर मत भूलो कि कवि एक खौलता हुआ
आँसू है। रक्त-सिक्त उत्तप्त

जिससे तुम अपनी ठिठुरी हुई करुणा
सेंक सकते हो।

कवि एक लय है
थकान में गिरी हुई
क्या तुमने सुना?
और तुम्हें ख़ुशी है
मगर मत भूलो
कि कवि
व्यावहारिकता की
बटी हुई रस्सी से झूलती हुई
संवेदना की ख़ुदकुशी है।

(कल सुनना मुझे)

घर में वापसी

मेरे घर में पाँच जोड़ी आँखें हैं
माँ की आँखें पड़ाव से पहले ही
तीर्थ यात्रा की बस के
दो पंचर पहिये हैं।
पिता की आँखें–
लोहसांय की ठण्डी शलाखें हैं
बेटी की आँखे मंदिर में दीवट पर
जलते घी के
दो दिए हैं।

पत्नी की आँखें आँखें नहीं
हाथ हैं, जो मुझे थामे हुए हैं

वैसे हम स्वजन हैं, क़रीब हैं
बीच की दीवार के दोनों ओर
क्योंकि हम पेशेवर ग़रीब हैं

रिश्ते हैं; लेकिन खुलते नहीं हैं
और हम अपने ख़ून में इतना भी लोहा
नहीं पाते,
कि हम उससे एक ताली बनवाते
और भाषा के भुन्ना-सी ताले को खोलते,

रिश्तों को सोचते हुए
आपस में प्यार से बोलते,
कहते कि यह पिता हैं,
यह प्यारी माँ है, यह मेरी बेटी है
पत्नी को थोड़ा अलग
करते-तू मेरी
हमबिस्तर नहीं-मेरी
हमसफ़र हैं,
हम थोड़ा जोखिम उठाते
दीवार पर हाथ रखते और कहते
यह मेरा घर है।

(सुदामा पाण्डे का प्रजातन्त्र)

लीलाधर जगूड़ी

समकालीन हिन्दी-कविता के अन्तर्गत जिन कवियों ने पहली बार अपनी कविता में एक ऐसी ज़मीन को उजागर किया जहाँ—'झोलों से फ़ाइलों तक सड़क हैं/शहर हैं/ कुर्सियों पर मरने के लिए/गाँव हैं/फसलों पर रोते हुए/दो बैल हैं/तरक्की पर आदमी के साथ जोते हुए', उनमें धूमिल के साथ लीलाधर जगूड़ी का नाम लिया जा सकता है। इस कवि का जन्म 1 जुलाई 1944 को उत्तराखण्ड के टिहरी जिले के धंगण गाँव में हुआ। ग्यारह वर्ष की उम्र में घर से भाग कर अनेक शहरों और प्रांतों में विभिन्न प्रकार की जीविकाएँ करते हुए हिन्दी साहित्य में एम.ए. तक की पढ़ाई की। सन् 1961-62 में जगूड़ी गढ़वाल रेजीमेंट में रंगरूट भी रहे। सन् 1966 से 1980 तक शासकीय विद्यालयों में शिक्षण कार्य भी किया। उत्तराखण्ड के शिक्षक संघ के अध्यक्ष भी रहे। सन् 1981 से उत्तर प्रदेश सूचना एवं जनसम्पर्क विभाग से सम्बद्ध रहे। उत्तराखण्ड राज्य बन जाने पर लीलाधर जगूड़ी कुछ समय तक राज्य के प्रमुख सूचना अधिकारी एवं सलाहकार के पद पर भी रहे। कविता के क्षेत्र में इनके द्वारा किये गये महत्त्वपूर्ण सृजनात्मक कार्य के लिए भारत सरकार द्वारा 'पद्मभूषण' की उपाधि से सम्मानित किया गया है। आजकल जगूड़ी जी देहरादून में रहते हैं तथा सृजनरत हैं। लीलाधर जगूड़ी के कविता संग्रह निम्नलिखित हैं—'शंखमुखी शिखरों पर', 'नाटक जारी है', 'इस यात्रा में', 'रात अब भी मौजूद है', 'बची हुई पृथ्वी', 'घबराए हुए शब्द', 'भय भी शक्ति देता है', 'अनुभव के आकाश में चाँद', 'महाकाव्य के बिना' तथा 'ख़बर का मुँह विज्ञापन से ढका है।' इनमें पहला कविता संग्रह 'शंख मुखी शिखरों पर' सन् 1964 में प्रकाशित हुआ तथा 'ख़बर का मुँह विज्ञापन से ढका है' सन् 2008 में प्रकाशित हुआ है। इन चवालीस वर्षों की लम्बी कविता यात्रा में जगूड़ी ने कुछ ऐसी कविताएँ हमें दी हैं जो हमारी स्मृतियों में स्थायी रूप से दर्ज हो चुकी हैं। इनमें 'बलदेव खटिक', 'अन्तर्देशीय', 'पेड़', 'चिड़िया का प्रसव', 'पेड़ की आज़ादी', 'सपने में पाठ्यपुस्तक', 'लोकगीत', 'हाथी और पहाड़', 'काखड़', 'पहाड़ पर रास्ते', 'मुस भेखड़ा', 'सिल्ला और चिल्ला गाँव', 'बैल का स्वप्न भंग' आदि विशेष रूप से उल्लेखनीय हैं।

लीलाधर जगूड़ी की स्वीकारोक्ति है कि मूलतः कविता न द्वन्द्व का नाम है न

अलंकार का। कविता केवल मानवीय संवेदना का नाम है जो अपने साथ-साथ अपने से अन्य को भी अनन्य बना देती है। इसलिए यदि कहा जाये कि कविता मनुष्य का और मात्र मनुष्य का खोजा हुआ पहला विज्ञान है तो कदाचित अतिशयोक्ति न होगी। कविता की कई दशकों की यात्रा के बाद लीलाधर जगूड़ी अनुभव को आकाश, पहाड़ और चाँद से जोड़ते हुए कहते हैं कि 'चाँद हमारे बिना रह सकता है, हम चाँद के बिना नहीं और अनुभव के पाताल के लिए भी 'अनुभव के आकाश में/पहले एक चाँद ज़रूरी है।'

अन्तर्देशीय

इस पत्र के भीतर कुछ न रखिए
न अपने विचार
न अपनी यादें
इस पत्र के भीतर कुछ न रखिए

न अपने सम्बन्धों की छाप
न दुःख, न शिकायतें
न अगली मुलाक़ात का वादा
न संक्रामक बीमारियाँ
न पारिवारिक प्रलाप
न अपने हस्ताक्षर
वरना यह पत्र पकड़ा जा सकता है।
इस पत्र के भीतर कुछ न रखिए

क्योंकि जिनका 'ठिकाना' नहीं
वे असहाय
सबसे ज़्यादा संदिग्ध हैं
बाहर एक ओर किसी पाने वाले का
नाम और पता
दूसरी ओर किसी भेजने वाले का
ज़रूर हो

समाचार ख़ुद हिफ़ाज़त चाहते हैं
इस पत्र के भीतर कुछ न रखिए

भेजने वाला जानता है
क्या नहीं लिखा गया
क्यों नहीं लिखा गया
पढ़ने वाला जानता है
कोरा वह भी बांच लेगा
एक भी आखर
जिसके हिस्से नहीं आया
इस पत्र के भीतर कुछ न रखिए

न कोई विस्फ़ोटक शब्द
न बच्चा पैदा होने की ख़बर
न कोई आकस्मिक मृत्यु
न बम
न कोई वाजिब तर्क
न नए साल की बधाई
न तलाक़ का इरादा
इस पत्र के भीतर कुछ न रखिए

सारा मुद्दा
सारा पत्र
पोस्टमैन का रक्तहीन चेहरा है
जो रोज़ गांजा जा रहा है
और जिसे
शाम को वह जमा भी नहीं कर सकता।

(बची हुई पृथ्वी)

सिक्के

जिस समय भी
कोई आत्मा बिक रही होगी
ये सिक्के
अखण्ड और अभेद्य रहेंगे

आत्मा किस अठन्नी का नाम है?

वह जो एक सन्तरा देती है
या दो केले
एक गिलास गन्ने का रस
या एक गट्ठी पालक
या जो सौ ग्राम टमाटर देती है
आत्मा किस अठन्नी का नाम है?

इन सिक्कों में से
किसमें
मेरी आत्मा की
सबसे बड़ी ख़ुशी भरी है?

दुनिया कभी भी
एक साथ नहीं बिकती
हर आदमी के साथ
अलग-अलग बिकती है

ये बार-बार लौटेंगे
और अपनी घटी हुई
कीमत से भी
दुनिया को खरीद लेंगे।

(घबराए हुए शब्द)

कुमार विकल

'मुझे लड़ना नहीं/किसी प्रतीक के लिए/किसी नाम के लिए/किसी बड़े प्रोग्राम के लिए/मुझे लड़नी है एक छोटी सी लड़ाई/छोटे लोगों के लिए/छोटी बातों के लिए' छोटे लोगों और छोटी बातों के लिए लड़ने वाले इस कवि का जन्म पाकिस्तान के वज़ीराबाद में सन् 1935 को तथा निधन चण्डीगढ़ में 23 फरवरी 1997 को हुआ। विभाजन के बाद कुमार विकल का परिवार लुधियाना आ कर बस गया। यहाँ पर विकल दो वर्षों तक आर्य कालेज में इण्टरमीडिएट के छात्र रहे किन्तु परीक्षा में नहीं बैठे। सन् 1953 में अपने एक मित्र के साथ देश भ्रमण पर निकल कर तीन वर्ष तक यायावरी करते रहे। उसके बाद छोटी-मोटी नौकरियाँ कीं। सन् 1956 में लाहौर बुक शॉप लुधियाना-जालंधर में भी नौकरी की। सन् 1962 में विकल पंजाब विश्वविद्यालय चण्डीगढ़ के प्रकाशन विभाग में आ गये और अन्त समय तक यहीं रहे। इनके भीतर कविता का अंकुर लाहौर बुकशॉप में नौकरी करते समय ही फूट पड़ा था। कुमार विकल का पहला कविता संग्रह सन् 1980 में 'एक छोठी सी लड़ाई' नाम से सामने आया। दूसरा कविता संग्रह 'रंग ख़तरे में हैं' सन् 1982 में तथा तीसरा कविता संग्रह 'निरूपमा दत्त मैं बहुत उदास हूँ' शीर्षक से सन् 1993 में प्रकाशित हुआ।

उपर्युक्त तीनों कविता संग्रहों के माध्यम से सामने आने वाली कविताओं के बीच से गुज़र कर देखें तो ऐसा प्रतीत होता है कि कुमार विकल की कविताएँ आत्म-संघर्ष की कविताएँ हैं, ऐसे मनुष्य की कविताएँ जो घर तथा परिवार की छोटी-छोटी बुनियादी ज़रूरतों के लिए उस व्यवस्था के विरुद्ध एक छोटी सी लड़ाई लड़ता रहा जिसने उन छोटी-छोटी ज़रूरतों के बीज अपनी दराज़ों में क़ैद कर रखे हैं। कुमार विकल की कविताएँ संघर्षरत, युद्धरत, बेचैन मनुष्य की कविताएँ हैं जो सुबह-शाम की रोटी के जुगाड़ में भी पतंग उड़ाना तथा चम्बा की धूप को याद करना नहीं भूलती। कुमार विकल की कविताएँ सामाजिक, राजनीतिक विसंगतियों अथवा अपने आस-पास के सुख-दुःख को व्यक्त करने वाली कविताएँ नहीं हैं, वास्तव में वे छोटे-छोटे सपनों की कविताएँ हैं। जिनमें कुमार विकल का पुख़्ता पंजाबी कवि रावलपिण्डी की लोई ओढ़ कर ख़ूबसूरत तथा बेहतर दुनिया के सपने बुनता है।

दुखी दिनों में

दुखी दिनों में आदमी कविता नहीं लिखता,
दुखी दिनों में आदमी बहुत कुछ करता है
लतीफ़े सुनाने से ज़हर खाने तक
लेकिन वह कविता नहीं लिखता।

दुखी दिनों में आदमी
दिन की रोशनी में रोने के लिए अँधेरा ढूँढता है
और चालीस की उम्र में भी
माँ की गोद जैसी
कोई सुरक्षित जगह खोजता है।

दुखी दिनों में आदमी बहुत कुछ सोचता है
मसलन झील के पानी की गहराई
और शहर की सबसे बड़ी इमारत की मंज़िलें
और साथ ही साथ
एक ख़ामोश भाषा में चीख़ता है
कि उसके सारे प्रियजन
झील पर एक मजबूत बाँध बन कर खड़े हो जाएँ
और इमारत में चलती लिफ़्ट को रोक लें
लेकिन प्रियजन तो पेड़ होते हैं।
छाया देते हैं
हवा से दुलरा सकते हैं
बाँध नहीं बन सकते

बाँध तो आदमी ख़ुद ही बनता है।
दुखी दिनों में आदमी
एक मज़बूत या कमज़ोर बाँध तो बनता है।
लेकिन कविता नहीं लिखता।

(एक छोटी सी लड़ाई)

रंग ख़तरे में हैं

(होली के दिन एक कविता)

मेरे प्रिय कवि ने कहा था
'फूल नहीं, रंग बोलते हैं'
लेकिन मेरे शहर के किसी भी पार्क में जा कर देखो
ऐसा नहीं है।

सिर्फ़ वही लोग बोलते हैं
जो फूलों की पहचान से वंचित हैं
और रंगों को ग़लत ढंग से घोलते हैं
मसलन–
लाल रंग को
हरे, नीले और पीले रंगों से मिला रहे हैं
और काले रंग का एक ऐसा बिम्ब बना रहे हैं
जिसे देख कर मुझे लगता है
कि मेरे सामने
फिर वही चिर परिचित लम्बी अँधेरी सुरंग है
जिससे मैं एक बार पहले ही
बड़ी मुश्किल से बाहर निकला हूँ।
क्या मेरी उन्नीस महीने की लम्बी लड़ाई
का अन्त
एक सुरंग से दूसरी सुरंग का अँधेरा है।
कहाँ हैं मेरी आकांक्षाओं के सात रंग
मेरे सामने तो केवल काले रंग का एक घेरा है।

लेकिन वे कह रहे हैं
'यह सुरंग नहीं–
काले बाँस से बनी रंगों भरी पिचकारी है

मैं इससे निकलते रंगों को देख नहीं सकता
यह एक रंगान्ध की लाचारी है।'

पार्क में होली खेल रहे बच्चो, सुनो!
इससे पहले कि तुम्हें भी रंगान्ध घोषित कर दिया जाये
रंग खेलना छोड़ दो
अपनी पिचकारियाँ तोड़ दो
और चुपके से अपने घरों को लौट जाओ
इधर पार्क में एक नयी सुरंग बनाने की तैयारी हो रही है।

मेरे प्यारे चित्रकार दोस्तो!
अपने रंगों को सम्हाल लो
रंग ख़तरे में हैं।
इस समय जब रंगों भरी धूप
हर फूल पर सो रही है
तुम्हारे सबसे प्रिय रंग के ख़िलाफ़ साज़िश हो रही है।
वह रंग—
जो तुम्हारी धमनियों में दौड़ता है
जिसकी ताक़त से तुम शेष रंगों की पहचान करते हो
और इस पहचान से एक नये रंग-संसार को रचते हो।

वह रंग—
जो एक शब्द से
फूल तक की यात्रा में
एक दर्शन में बदल जाता है
ठीक वक़्त पर जब बोलता है
सुरंगों के भेद खोलता है।

वह रंग—
जो दर्शन से कर्म तक की यात्रा में
एक मज़बूत हथियार बन जाता है
अँधेरी सुरंगे तोड़ने के काम आता है।

(रंग ख़तरे में हैं)

उदय प्रकाश

कवि, कहानीकार, उपन्यासकार, पटकथा लेखक, दूरदर्शन के धारावाहिक एवं विभिन्न फिल्मों के निर्माता-निर्देशक उदय प्रकाश का जन्म मध्यप्रदेश के शहडोल ज़िले के एक गाँव सीतापुर में एक जनवरी उन्नीसौ बावन को एक मध्यमवर्गीय ज़मींदार परिवार में हुआ। इनके दादा भागवत प्रताप सिंह एक बड़ी रियासत के मालिक थे। भागवत प्रताप सिंह के तीन बेटे थे। उनके मंझले बेटे का नाम प्रेम सिंह था। प्रेम सिंह की पत्नी गंगा देवी ने दो बेटे तथा दो बेटियों को जन्म दिया। सबसे बड़ा बेटा अरुण, उससे छोटी शशिप्रभा, उससे छोटे उदय प्रकाश सिंह और सबसे छोटी स्वयं प्रभा। बहुत छोटी उम्र में ही उदयप्रकाश को माँ-बाप के देहान्त का आघात झेलना पड़ा। जिस समय उदय प्रकाश की माता की मृत्यु हुई उस समय उदय प्रकाश की आयु तेरह वर्ष और माता की आयु सैंतीस वर्ष थी। अपनी पत्नी गंगा देवी की मृत्यु से प्रेम सिंह को गहरा सदमा लगा और उनकी मृत्यु के चार साल बाद ही उदय प्रकाश के पिता का भी देहान्त हो गया। अपने आत्मकथ्य में उदय प्रकाश ने लिखा है कि मैंने अपने से छः वर्ष छोटी बहन को देखा। वह इतनी छोटी थी कि माँ की अर्थी ले जाते समय फैंके जाने वाले ताम्बे के सिक्कों को बीन रही थी और बताशे खा रही थी। बड़े भाई थे, उनका परिवार हो चुका था। वह अपनी पत्नी, बच्चों और साले-सालियों में डूब गये थे। हम दो लोग अकेले और अनाथ थे—मैं और मेरी छोटी बहन। फिर भी उदय प्रकाश ने हिम्मत नहीं हारी और छोटी-बड़ी मुसीबतों का डट कर सामना किया। सन् 1977 में उदय प्रकाश का विवाह कुमकुम सिंह के साथ हुआ। इनके दो बेटे-सिद्धार्थ प्रकाश और कुमार शान्तनु हैं। बड़ा बेटा सिद्धार्थ प्रकाश जर्मनी में रह रहा है और छोटा बेटा इन्हीं के साथ दिल्ली में। स्नातक स्तर तक उदय प्रकाश विज्ञान के विद्यार्थी रहे लेकिन सागर विश्वविद्यालय से एम.ए. (हिन्दी) की परीक्षा स्वर्ण पदक प्राप्त करके उत्तीर्ण की। पी-एच.डी. की उपाधि के लिए उदय प्रकाश जवाहर लाल नेहरू विश्वविद्यालय, दिल्ली आये। वहाँ इसके लिये पंजीकरण भी करवाया लेकिन किन्हीं कारणों से शोधकार्य बीच में ही छोड़ना पड़ा। शोधकार्य छोड़ते समय उदय के रचनाकार ने एक बात ठान ली कि अब वह कुछ ऐसा करेंगे कि लोग उन पर शोध करें। यही हुआ भी। उदय प्रकाश ने कविता और कहानी दोनों

ही क्षेत्रों में एक ऐसी पहचान बनायी कि आज उनको क्रॉस करना प्रत्येक रचनाकार के लिए एक चुनौती है।

उदय प्रकाश के अब तक तीन कविता-संग्रह 'सुनो कारीगर'(1980), 'अबूतर-कबूतर' (1984), 'रात में हारमोनियम' (1998), आठ कहानी संग्रह–'दरियाई छोड़ा' (1982), 'तिरिछ' (1990), 'और अन्त में प्रार्थना' (1994), 'पॉल गोमरा का स्कूटर' (1998), 'पीली छतरी वाली लड़की' (2000), 'दत्तात्रेय के दुःख' (2002) 'अरेवा-परेवा', 'मैंगोसिल' एक उपन्यास 'मोहनदास' (2006) तथा एक निबन्ध-संग्रह 'ईश्वर की आँख' (1999) प्रकाशित हो चुके हैं। इनकी कविताओं और कहानियों के अनुवाद विभिन्न देशी-विदेशी भाषाओं में हो चुके हैं। उदय प्रकाश को 'भारत भूषण अग्रवाल पुरस्कार', 'ओम प्रकाश साहित्य सम्मान', 'श्रीकान्त वर्मा पुरस्कार', 'गजानन माधव मुक्तिबोध सम्मान' 'अन्तर्राष्ट्रीय पेन सम्मान' आदि पुरस्कार, सम्मान तथा भाषा एवं संस्कृति विभाग द्वारा साहित्य के लिए 'सीनियर फैलोशिप' प्रदान की गयी है। उदय प्रकाश उन रचनाकारों में से हैं जो विज़न की बोरसी पर अपनी रचनाओं को कुछ इस तरह से पकाते हैं कि पाठक ठगा सा रह जाता है। संक्षेप में कहें तो उदय प्रकाश लोक वेदना से उत्पन्न राग और आग, प्रेम और सौन्दर्य के कवि हैं। उदय अपनी कविताओं का रॉ मैटीरियल उन छोटी-छोटी जगहों से उठाते हैं, उस मानव-संसार से, जहाँ रिश्तों की आग बुझने लगी है, संवेदनाएँ लगभग सूखती जा रही हैं। उदय हमारे समय के न केवल महत्त्वपूर्ण अपितु ज़रूरी रचनाकार हैं।

मैं छुपाता हूँ

मैं छुपाता हूँ अपने भीतर प्यार

छुपाता है सबूत जैसे हत्यारा
जुआरी अपना अपना दारिद्रय
ओस अपने भीतर छुपाती है जैसे भाप
बर्फ़ जैसे तरलता

सदगृहस्थने छुपाती हैं जैसे अपनी पुरानी चिट्ठियाँ
मछलियाँ अपने आँसू
समुद्र जैसे अपनी प्यास

कुत्ता जैसे भविष्य में छुपाता है
रोटी का एक टुकड़ा
उस तरह जिस तरह दियासलाई छुपाती है
अपने भीतर आग

छुआ गया मुझे अगर तो
बिल्कुल सम्भव है
मैं जल जाऊँ।

(रात में हारमोनियम)

उजाला

बचा लो अपनी नौकरी
अपनी रोटी अपनी छत

ये कपड़े हैं
तेज़ अन्धड़ में
बन न जाये कबूतर
दबोच लो इन्हें

इस कप को थामो
सारी नसों की ताक़त भर
कि हिलने लगे चाय
तुम्हारे भीतर ही असुरक्षित आत्मा की तरह

बचा सको तो बचा लो
बच्चे का दूध और रोटी के लिए आटा
और अपना जेब ख़र्च
कुछ किताबें

हज़ारों अपमानों के सामने
दिन भर की तुम्हारी चुप्पी
जब रात में चीख़े
तो जाओ वापस स्त्री की कोख में
फिर बच्चा बन कर
दुबारा जन्म न लेने का
संकल्प लेते हुए
भीतर से टूट कर चूर-चूर
सहलाओ बेटे का गर्म माथा

उसकी आँच में
आने वाले कोंपलों की गन्ध है
उसकी नींद में
आने वाले दिनों का
उजाला हैङङ।

(रात में हारमोनियम)

अरुण कमल

नागार्जुन और त्रिलोचन की काव्य-परम्परा को आगे बढ़ाने वाले अरुण कमल का जन्म 15 फरवरी 1954 को नासरीगंज, रोहतास में हुआ। अब तक इनके चार कविता संग्रह—'अपनी केवल धार', 'सबूत', 'नये इलाके में', 'पुतली में संसार' तथा एक आलोचनात्मक पुस्तक 'कविता और समय' शीर्षक से सामने आयी हैं। अरुण कमल पटना विश्वविद्यालय में अंग्रेज़ी के प्रोफ़ेसर तथा महत्त्वपूर्ण पत्रिका 'आलोचना' के सम्पादक हैं। चार कविता-पुस्तकों तथा एक आलोचनात्मक ग्रन्थ के अतिरिक्त इनके नाम से वियतनामी कवि तोहू की कविताओं एवं टिप्पणियों की एक अनुवाद पुस्तिका तथा अंग्रेज़ी में 'वायसेज' नाम से भारतीय युवा कविता की किताब भी प्रकाशित हुई है। कविता के लिए अरुण कमल को 'भारत भूषण अग्रवाल पुरस्कार', 'सोवियत भूमि नेहरू पुरस्कार', 'श्रीकान्त वर्मा स्मृति पुरस्कार', 'रघुवीर सहाय स्मृति पुरस्कार' तथा 'शमशेर सम्मान' भी मिल चुके हैं। इनकी कविताओं का अनुवाद विभिन्न देशी-विदेशी भाषाओं में हो चुका है।

कवि कर्म के सम्बन्ध में अरुण कमल का कहना है—'नहीं जानता कवि हूँ या नहीं। लेकिन कुछ लोग कहते हैं, इसलिए शायद। शायद उसी तरह जैसे इस दुनिया में सुरंग बनाने वाले हैं, जहाज़ चलाने वाले, अंतरिक्ष में टहलने-बूलने वाले यानी बहुत-बहुत तरह के काम करने वाले लोग, उसी तरह एक कवि है जिसे वह करना होता है जो दूसरा कोई नहीं करता, नहीं कर सकता। लेकिन उसकी मुश्किल यह है कि उसे वह सब भी करना होता है जो दूसरे सब करते हैं यानी एक कविता में बाक़ी सबकी ज़िन्दगी और उनकी बात, उनकी बोली सब कुछ होना है नहीं तो वह कविता फिर सबके लिए नहीं होगी।' इसी के साथ कविता के सम्बन्ध में अरुण कमल की मान्यता है कि कविता निर्बलतम का पक्ष है। जिसका कोई नहीं उसकी कविता है जो सबसे कमज़ोर, दलित और असहाय है उसका बल है। मुए बैल की खाल से बनी भाँथी की धोंकती साँस है जिससे लौह भी भस्म हो जाये। इसके सिवा कविता की दूसरी भूमिका नहीं हो सकती। ऐसे समय में जब देश में पूँजी का कोई वास्तविक विपक्ष बचे ही नहीं, कविता जीवन का अन्तिम मोर्चा, अन्तिम चौकी है।

अरुण कमल एक ऐसे प्रगतिशील कवि हैं जो जनता की चीज़ जनता से ले कर उसी को लौटा देते हैं, लेकिन एक तीक्ष्ण अस्त्र की तरह जिसे मेहनतकश जनता के वर्ग-शत्रुओं के विरुद्ध प्रयोग किया जा सकता है। अरुण कमल की एक प्रसिद्ध पंक्ति है–'सारा लोहा उन लोगों का/अपनी केवल धार' यह एक पंक्ति ऐसा महत्त्वपूर्ण केन्द्रीय सूत्र है जो उनकी कविता के मर्म तथा जीवन-दृष्टि को समझने में हमें सहायता प्रदान करता है।

छोटी दुनिया

जब साथ रहते हैं तो
दूसरे के घर का धुआँ
और दूसरे के घर की अगरबत्ती की गन्ध
दोनों ही आयेगी आपके घर में
कभी दूसरे के आँगन का केला
अपना एक पत्ता आपके आँगन में डाल देगा
तो कभी पड़ोस की बिल्ली
रसोई में रक्खा दूध चट कर जायेगी

ऐसा ही होगा इस भीड़ भरे इलाक़े में
जहाँ इतनी दिक़्क़त से मिलता है एक कमरा
आपकी कोठरी दूसरे की कोठरी से सटी
आपकी पीठ दूसरे की पीठ से सटी–
अगर बग़ल में कोई कुर्सी खिसकाये
दीवार में काँटी ठोंके
यहाँ तक कि करवट भी बदले
तो लगेगा यह आपके ही कमरे में हो रहा है

ऐसा ही हो गया अब
ऐसी ही हो गयी है दुनिया
कि यदि अल-सल्वादेर में लड़ता हुआ कोई गुरिल्ला खेत आये
तो अपना ही घर सूना लगेगा
और दूर मंगोलिया में कोई बच्चा जन्मे
तो अपने घर तक आयेगा पहला रुदन
इतनी छोटी हो गयी है दुनिया एक नक़्शे पर–
जब आप आराम से खाना खा रहे हैं

तो बिल्कुल पास में कोई भूख से दम तोड़ रहा है—
चैन नहीं है कभी, सुख नहीं है अकेले-अकेले
सबके साथ ही सुख है, सबके दुःख में दुःख।

(सबूत)

बोलना

जो आदमी दुख में है
वह बहुत बोलता है
बिना बात के बोलता है
वह कभी चुप्प स्थिर बैठ नहीं सकता
ज़रा-सी हवा लगते फेंकता लपट
बकता है लगातार
ईंट के भट्ठे-सा धधकता

जो सुखी सम्पन्न है
सन्तुष्ट है
वह कम बोलता है
काम की बात बोलता है
जो जितना सुखी है उतना ही कम बोलता है
जो जितना ताक़तवर है उतना ही कम
वह लगभग नहीं बोलता है
हाथ से इशारा करता है
ताकता है
और चुप्प रहता है
जिसके चलते चल रहा है युद्ध कट रहे हैं लोग
उसने कभी किसी बन्दूक की घोड़ी नहीं दाबी।

(सबूत)